麥　田　人　文

王德威／主編

麥田出版

# 如何造就小說家如我

## 私という小説家の作り方

大江健三郎

譯者／王志庚　審定／劉惠禎

目次

# 第一章

# ——雨滴當中／有另一個世界

# 一

我寫的東西最早被印成鉛字的大致就是下面所說的「詩」的形式，如果有研究者廣泛調查戰爭剛剛結束時在中國地區[1]和四國銷售的國語教育之類的小冊子，也許會碰到這首「詩」。但我認為這種工作是毫無意義的。《大江健三郎小說》中也僅收錄了我成為一個小說家以來，自己認為有價值的作品。為了避免在我死後出現把斷簡零篇都收錄起來的全集，我將此書定為決定版。如果在我死之前，再有新的小說問世的話，希望作為此書的補卷，我在此明確申明一下。這是我對**作品**的一些考慮。

我還想申明的是，如果實際調查的學者指出印刷的小冊子和我在這裡的引文有出入，那麼我想告訴他，這喚起我當時看到寄給我的小冊子後，對新制中學的老師或編輯們做的增刪所感到的憤怒回憶。在不希望自己的作品被做任何增刪的情況下，使得我的作品**平庸化**，那是多麼傷害年輕詩人的自尊心，使得他對詩和創作產生厭惡。增刪者非常明白其中的道理，但他們並未明白說明，因此他們的行為根本就是犯罪。

晶瑩的**雨滴**
映射出了風景
**雨滴**當中
有另一個世界

也許除我之外，寫與我構思相似的「詩」的年輕人還有很多，也許他們的「詩」更加巧妙更具有個性象徵。但這首「詩」一直令我難忘，我想原因在於，

1 在日本，中國地區指的是岡山、廣島、山口、島根、鳥取等五個縣。——譯者注

「詩」裡表現了少年時代對於自己現實生活的態度，貿然言之，就是我的世界觀的原型。事實上，創作這首「詩」至今已有半個世紀，我的文章一直在描寫**雨滴**中呈現出的另一個世界——我有一種自覺，那裡能映射出我所處的這個世界。

如果現在讓我來如實描寫我的少年時代，我應該會這麼寫：一個茫然沉默的孩子走近果味飄香的柿子樹枝，凝視著樹葉上留下的**雨滴**。白天的我其實是個愛說話的孩子，這成了同村的孩子們疏遠我的主要原因……

寫到柿子樹，我的確曾讓一棵特定的樹蘇醒過來。從我家出門向小河走，有一條用石子粗糙砌成的小路，順路可以到達一塊窄小的田地，在連續下雨的日子裡，河水氾濫，田地就會變成河底。那路的盡頭有一棵柿子樹。

記憶中的那棵老樹也曾葉子嫩綠，枝繁葉茂；我盯著那茂密的葉叢有了一項發現，這項發現甚至影響了我對於整個自然界的認識。

一天早上我起得非常早，我不只見到了東邊樹林直射過來的陽光，也看到那沐浴在金黃色大氣中的柿子樹，和河面反射過來的光線。現在回想起來，當時的我該是早已厭倦了山谷中的風景、人物和事情，對於身邊所有的事物，從沒有想過可以用金黃色這類的形容詞……

總之，我去河邊觀察沐浴在朝陽中的柿子樹上的露水是有特別原因的。就在前一天晚上，我在國民學校那雜草繁茂的校園裡看了一部露天電影，放映的是戰爭新聞和漫畫，還有誰都不喜歡的「文化電影」。那是為理科教學而拍的電影，其中有一個畫面是開滿櫻花的樹枝特寫，就在那一瞬間我被深深地吸引了。那小小的樹枝，還有那成串的花和樹葉，微微地顫動，微微地顫動，永不停息……

我看著電影轉而一想，那個特寫是在一個無風的日子，以大草原為背景拍攝的，不可能有這種事。這也許是為了表現在拍攝花朵和樹葉——也就是說不是幻燈那種靜止的畫面——這其實是攝影助理或是其他人故意搖晃樹枝的。我無論如何不能相信，這成了我心上牽掛的問題。

於是第二天早上，離上學的時間還早，我就起床去觀察那朝陽照射下的樹枝，用昨晚電影當中同樣的拍攝距離，從近處注視它。柿子樹的嫩葉在不停地晃動！而我的臉頰根本感覺不到一絲風……

像一個悔改者一樣，從那之後我養成了仔細觀察自己周圍樹木花草的細微之處的習慣。每當我注視時，樹木的枝、雜草的嫩葉都在不停地晃動，從來沒有停息。我驚訝地發現在那之前我從沒有認真細緻地觀察自然界的事物，我從來沒有發現自己周圍有這麼多的樹木和雜草！在那個電影鏡頭讓我明瞭之前，我雖身處樹林之中，踩遍長著小草的土地，卻什麼也沒發現……

毫不誇張地說，這一次的發現，徹底改變了我的生活方式。更明確地說，我透過那微微顫動的柿子樹葉發現了包圍著山谷的整個森林。如果總是**不認眞地觀察**，那些東西什麼都不是，只是死的東西，於是我開始時時刻刻注視著樹葉和小草。因此我被認為是老是盯著周圍事物發呆的孩子，被國民學校的校長盯上後，幾乎每天都要挨打。即便如此我也沒想改變自己這個新的生活習慣，戰後，在我盯著雨滴觀察了一段時間後，我終於創作了此生的第一首「詩」。

## 二

因為戰時沒有舉行村祭和盂蘭盆節[2]活動——不知是政府禁止，還是群眾自發地不舉行——所以以下的記憶一定是戰後發生的事。我對一首跳盂蘭盆舞時唱的歌印象很深，那既不是唱片中的音樂，也不是用麥克風模仿收音機傳出的音樂。那段陌生的旋律深深地吸引了孩提的我，平日普普通通的一位老農夫——雖說如此，可是當時人們衰老得早，他其實不過是四十幾歲，常抑鬱地低著頭穿過街頭，走向馬路。那爬上帳棚嘹亮唱出來的旋律深深吸引了我。

理由很明確，因為我多次聽過奧福[3]的名字。那是戰爭時期父親去世不久，

2　八月十五日左右。是日本民間最重要的傳統節日，又稱「魂祭」、「燈籠節」等，原本是追祭祖先、祈禱冥福的日子，如今成為家庭團圓、合村歡樂的節日。節慶期間，小鎮和農村居民會穿著浴衣跳盂蘭盆舞。

3　日本民間傳說中的人物。——譯者注

祖母謝世前在自己的房間裡用雕花玻璃杯一邊喝著紅色甜酒一邊對我講的故事。奧福是故事裡的主人公。故事情節斷斷續續，更刺激了我努力運用想像力去填補那中間的斷裂。在地方上流傳的農民暴動故事裡蠻橫粗暴、無法無天但卻頗有魅力的人物，用我後來認識的詞語來說就是特技明星奧福。

盂蘭盆節過後的第二天，我在家門前等待著昨夜唱歌的老農夫從「在」裡出來。我向低著頭走出來的他打招呼，他卻只顧走路，沒有停下來。我於是跟著他走，問他關於那首歌的事。一開始他詫異地盯著我，沒有立即做任何回答。但可能因為父親生前他曾送來三椏樹皮和栗子——我家將這些稱做山區特產——的緣故吧，後來他告訴我那是一首民謠，是山谷裡的人們創作出來的；還告訴我村委會裡可能還有印了敘事歌詞的小冊子。十年前——也就是戰前——有人曾經調查過這件事情，他曾經幫忙做過一個小冊子……。

瘋狂執拗的我終於發現了那本謄寫版的小冊子！淨是些字典上都沒有的詞彙，故事非常難以讀懂。奧福做為主謀參與**暴動**一節的確存在。那個故事的內容真是空洞無比。孩童時的我聽到那首不斷重複的歌詞，竟還被譜成了曲子吟唱，真正感受到自己所處地域的文化是何等卑微狹隘，即使現在我仍能清晰地憶起那種索然乏味的感覺。

如今想來那也是可以理解的，當時明治維新前後有兩次農民暴動都被殘酷地鎮壓，那些暴動者的後代根據事實創作了關鍵詞連篇的民謠，並配以太鼓的旋律邊唱邊跳，他們是透過這些來感受祖先的昂揚情緒……

戰敗當年和第二年的初秋，廣場上並沒有出現眾人齊跳盂蘭盆舞的場面。一般都是由從戰場上和兵營裡復員的年輕士兵和歡迎他們的年輕女子共同來表現當時暴動的場面。後來的盂蘭盆舞，使用了錄音機和擴音器，再也看不到農夫爬上帳棚清唱「民謠」了。但是在整個山谷和「在」卻有一個對那首民謠由衷感傷的少年，那就是我！

而且我透過小冊子確認了「敘事」的內容，並對奧福開始感到不滿。小冊子記錄的「敘事」幾乎所有的形式都一樣，我認為這是當時奧福的過錯，他必須承擔責任。

如果讓我用自己的話來形容也許會是如此：「敘事」由前後兩部分組成，首先第一部分是作為奧福的身分證明的名字由來；第二部分，用活人畫[4]的方式描寫了最精采的暴動場面，其中並沒有記錄奧福如何成為一名叛逆者，在運動中遇到轉機成為集團的首領，最後導致悲劇性的情節。

祖母講的奧福故事雖然更加片面，但是聽起來有節奏感，彷彿扔跳石子似的，更具有故事的情節，而且運用了我們當地的固有名詞。除了奧福外，故事裡還有幾位小人物，祖母還指明了現在還生活在這個村里的那些人物的後裔。

像看電影和戲劇一樣——在我讀過的童話和小說中沒有這樣的作品——暴徒奧福如何出生，如何積累經驗，如何順應社會風潮，後來成為暴動的先鋒，最後淪為慘遭失敗的典型犧牲者，對於整個過程，那首「敘事」中沒有任何記述，我因而感到不滿。

當然，現在的我不免會思考：從名字的起源寫到他整個人生最具象徵意義的一瞬間，這種英雄式的傳奇故事，也許是過於典型的敘述方式，但是當時我認為這種敘述方法魅力十足。也許正因為不滿，奧福的故事才給我深刻的印象。於是從少年時代開始，我就用自己的話開始講述奧福的故事，直到現在。

少年時的我真的在聽眾面前講述了奧福的故事！那是在一個小工廠——將三椏樹皮加工成易於搬運的捆狀的工廠。**局紙**是官府造的明治後出現的新詞，我家當時曾向官府提供製造官紙的原料。就在工廠前面的空地上，我向包括妹妹和弟弟在內的比我小的孩子們講了奧福的故事。我把祖母的故事情節和「敘事」的歷史背景結合起來，改編成能夠讓自己心服的時間順序。我的故事使得他們狂熱起來，我認為在悲劇化的情節中幾個滑稽的小人物發揮了很好的效果。

就連第二天，我想著那些孩子們肯定會聚來聽的奧福的故事也開始心潮澎湃——當時的暴動有兩次，還有許多值得講的故事——那也許是春假或是暑假裡的

4　日本明治時期集會時進行的一項娛樂活動，化裝的人站在一定的背景前不動，看上去像畫中人一樣，稱活人畫。——譯者注

事情。但昨天狂熱的孩子們沒有再來，弟弟妹妹聽到我叫他們也極力迴避。

就這樣，我的故事在這個山谷村莊大受聽眾們歡迎的日子結束了。從那以後，我總想在這塊土地上找回昔日的狂熱，但是我的所有故事終究沒能實現，直到今天。

## 三

我真正睜開眼睛觀察周圍的世界——馬上就讓我想到森林中的山谷，環繞著山谷的森林，遙遠綿延的崇山峻嶺——是為了解開那部「文化電影」帶給我的疑問，也就是從第二天早上去看田邊的柿子樹時開始。那在我的一生中是絕無僅有的無上一刻，而且我未曾因此而得到醒悟。換句話說，我從未以這般看似虛無的看法來觀察植物和風景。

我在透過那部電影的特寫鏡頭發現新世界以前，的確不曾認真地觀察山谷裡的村莊，難道是我疏遠了那些事物嗎？當然不是。我想就像是在蛋殼裡與之共生一般，我的自我輪廓和事物的輪廓交融在一塊兒了。因此我不用把它們當做對象來觀察，就對它們非常熟悉，根本沒有必要重新認識它們。但是從蛋殼的外面吹來一陣風，在我和周圍的事物之間吹出一道縫隙。我和周圍事物相互交融的輪廓開始收縮並逐漸固化。我想是來自外界的機械異物發揮了分離作用，換言之，文化電影的鏡頭便成了那象徵性的異物。

我從祖母那裡聽到歌謠般的奧福故事，在廣場的黑暗處聽到歌唱的「敘事」，看到了印刷小冊子上的故事，因此我自己也講述了那個故事，這一連串的經歷樹立了我和語言之間的新關係——亦即發現了語言的新作用。現在做為一名小說家，我即將步入老年，我讀到威爾斯詩人托馬斯（R. S. Thomas）[5]的一段著名講演，主題是關於他的夢中土地阿巴克瓦格（Abercuawg）：

5　一九一三—二〇〇〇，威爾斯最著名的民族主義詩人。

語言學領域有一種新的理論，即單單透過語言，事實本身便會有秩序地發生變化。決定人生旅途的不一定是事實，而是語言。語言不可思議的力量——比如神話——比世上所有毫無特色的事實更能直接傳播真實，具有創造人類的形象和象徵的力量。這種能力該如何命名呢？很多人稱之為想像力。然而最危險的是，對於大多數的人來說，想像力是虛構的同義詞。要想了解真正的事實，就必須了解英國詩人和評論家柯立芝（Samuel Taylor Coleridge）的工作。

關於托馬斯說的大多數人將想像與虛構混為一談，我有親身經歷且一直銘刻在心。那是森林山谷村子裡一個年幼小說家的受難經歷。

我的少年時代是一個劇烈動盪、不可思議的年代。國家自不必說，城市與我們的生活也是無緣的——當然不僅僅是幼年的我有如此的感覺——以尼采的方式來說，在延伸向未來的無限的過去的時間、在緩慢移動的歷史中仍舊存在的那種氣氛裡，同時也延伸到未來的無限時間裡，在這不會有太大改變的悠閒氣氛中，我感覺自己仍是一個孩子——在窄小房間的舒適空間裡，邊盯著光閃閃的甜葡萄酒，邊陶醉在祖母講的奧福故事裡。

剛剛發生的事和現在之後明天或後天將要發生的事，都不會再次發生，這是神話裡的一次性。只要發生一次的事情就會無數次發生——我自然而然地感到此種涵義。在祖母的故事裡，現在發生著曾經發生過一次的事。那故事真正讓我深深地懷念，故事中的人物奧福和其他人物我都很熟悉。如果用電影來比喻的話，像從近處注視人物的特寫似的，起義農民在川上的大竹叢裡砍竹削槍的場面，彷彿是從包圍著山谷的山腰上用望遠鏡頭俯瞰一般。其他的場面，在很久以後，我在夢中憶起，卻彷彿置身現實。

在太平洋戰爭爆發那年，我進了國民學校。我講的奧福故事除了在三椏樹皮捆綁工廠前獲得成功之外，我的同學和老師都認為那是撒謊，我遭到他們的排斥。撒謊?!所謂撒謊難道不是一些與事實相反的周遭生活小事嗎?我茫然了。最初我講的話都是和這個現實世界無關的話。那些和事實完全相反、語言創造的故事、神話本身才是問題，將故事細節和現實一一對應又怎樣呢？少了和我有著共同品味的語言樂趣和想像喜悅的同學和老師，我只能被孤立為一個說謊的孩子。如果說我因此而變成一個沉默的孩子，倒也不是。我是一個為了尋找新聽眾而從未安分的孩子。

後來，原本有可能成為我的聽眾的人開始在我的生活中出現。在森林中的山谷裡，唯有在那個時代才有可能的事情發生了。我升入山谷的新制中學後，對從山間部——我的祖母叫它「在」——出來的同學們，毫不介意地又講了從祖母那裡聽來的故事。你為什麼要講這種無中生有、沒有事實根據的故事呢？我被他們斷然拒絕了。

與這些人相比，我認為戰爭末期疏散到我村來的城市裡的孩子們，當我對他們講未開化民族的故事時，他們的態度更容易接受。

小城裡的高中生活和東京的大學生活原本我就不會適應，但每次去到一個新環境，我就忍不住要講述從祖母和母親那裡繼承來的森林中山谷的神話故事。無論在哪兒，遭遇都一樣，我被認為是講著怪誕故事的滑稽之人。拜此之賜，以後在外國召開的國際會議和研討會上，我和新朋友共同生活時，我並沒有渴望被接受，所以也從不煩惱被別人疏遠。

## 四

現在想來，那個不被聽者接受的、從祖母和母親那裡聽到並牢記的故事、且從未停止講述的那個少年、青年，對他來說這種日復一日的生活絕對會使他變得抑鬱。但即便如此，我也從不洩氣，還是能維持年輕的自己，原因就在於有另一個世界在我心中落下了濃重的影子。也就是說，我確信自己具有豐富的、具真實性的想像力。「**雨滴**當中／有另一個世界。」

我的確是個能長時間盯著柿子樹上的雨滴凝神的少年。特別是從新制中學升入高中時，我是個想學物理——相信自己是念理科的料——的少年，透過搖動的柿子樹上的**水滴**，我發現它折射出另一個世界。與其念理科，不如讀文科更能使想像力得到訓練。我開始緲無邊際地想像，也就在那時，我花了大量時間讀書，我認識到自己做為一個讀者的致命缺陷是：每每才讀了三四行，就立刻會陷入想像的世界。

不僅小說的故事情節和人物會使我產生想像，就算是生物學方面的書或是天文學普及讀物，我也常因著文中的一句話，彷彿又聽到祖母講的故事。為了證明故事的背景，我回到森林裡去調查，回到土地神話的世界裡去。語言把我從現實中拋出去，放逐到想像的世界中……

那些在我的腦中引起連鎖反應、頻頻閃現的語言，追蹤它的過程雖是安全的，但對著別人說出口的結果，卻總是被當做不長記性的撒謊少年，成為眾人進行人身攻擊的對象。因此我將那些想像中的語言寫成文章，透過印刷文字尋找故事的聽者，這幾乎全是被逼出來的。

# 第二章

# ——那麼，好吧，我下地獄

# 一

學習外語的首要目的大概是為了和語言不同的人交談吧。然而我在村裡的新制中學開始學習英語的時候，並沒有談話的對象，也就是說並沒有見到外國人的機會。我在鎮上結束高中一年級的學業後，轉學到松山，那裡有一個英語學習小組，可以直接和美國人用英語對話。學習小組裡的優等生個個盛氣凌人，我卻覺得他們很膚淺。

我為什麼會對他們心生反感呢？究其根源，對於一個森林山谷中的孩子，**戰後**出現的一些現象，表面上很清楚，一旦深入探究，複雜的內情就會昭然自現。使我感到反感的原因，應該說是從一開始就有過這種事了。因為我已不只一次地寫到此事，所以在此簡單一提，暫且不論。

當一直貴為**神靈**的天皇親口宣布戰爭失敗的當天和之後幾天，我們森林中確實存在一種悲壯般的緊張感。可是當聯軍士兵，說白點就是美國兵進駐時，我們心裡雖存有恐懼，但好奇的期待心情卻更強。

戰爭結束不到一週，一位戰時在村裡大力鼓吹軍國主義的校長——我現在還能記住長相的老師，全是當時經常體罰我的校長和副校長——召集全校學生到操場上，讓大家練習說：「Hello!」。他那種重新做人的高興和靦腆表露得淋漓盡致，明天或後天駐軍就會乘一種叫做「吉普」的車來了，讓我們大家大聲高呼「Hello!」歡迎他們。

就這樣在我們的土地上導入的英語教育，連孩子們都不能適應，難道不是理所當然的嗎?很快地村裡成立了新制中學（初中），開始了以系列教材「Jack and Betty」為教科書的英語教育。坐在教室裡，我練習那句「Hello」時的感覺仍縈繞心頭，提醒我不能聽命於老師。

但是，另一方面，我對於陌生的語言又有一種強烈的求知欲望，對於偶然聽到的一些，而且很可能是一生中都不可能學到的外語的一些瑣碎詞句，我總是無法忘掉。況且我喜歡讀一些翻譯的兒童讀物，這使我對於被翻譯前的那些原文的閱讀欲望更加強烈。我和外語——首先是英語——的相遇，竟有這般曲折的緣分。

與此說法相矛盾的是，我和英語的接觸也有幸福的一面。儘管如同所有幸福的接觸一樣，幸福常伴有一絲難斷的不幸。我遇到一位青年教師——現在看來這可能是戰後很快普及全國的新教育的一環——對我起了實質上的啟蒙作用。他是一位舊制高中生，因得了結核病而從就讀的旅順學校返回山村，戰爭失敗後他的母校也被摧毀了。我從他那裡得到了天文學和科學史方面的啟蒙書籍，同時還有幾本研究社出版的漢英對照書和一本袖珍辭典。

雖說那是一本非常薄的辭典，但在當時卻極為珍貴。有一句話叫做「赤身入狼群」，如果那種辭典紙（又名聖經紙，薄凸版紙）被山村裡的大人看到，肯定會有許多隻粗暴大手伸過來把它奪去捲菸抽掉吧。

野尻抱影[1]和山本一清[2]關於星星的書，還有一本日文譯為《穿越時間和空間》的書，還有我後來喜歡讀的阿道斯・赫胥黎（Aldous Huxley）之兄朱利安・赫胥黎

（Julian Huxley）寫的關於螞蟻的書，這些書使我的想像力從山村地形構成的水平空間——雖然很狹小——展向一個廣袤的垂直空間。

與那些書不同但更加重要的是英日對照的小開本書，我立刻想起蘭姆（Charles Lamb）[3]和吉辛（G. R. Gissing）[4]，還有那具有兩極意義的《愛麗絲夢遊仙境》，而書中的插圖又讓我直接聯想到我喜歡英國的製版技術。我不僅被主人公的善良，更被他們的邪惡性格給迷住了。一個孩子的能力是有限的，我不只一遍地讀了日文譯本和英文原著——這兩種文本的描述雖然簡單，可是閱讀大量的注腳對我來說也是一種樂趣，現在我仍然很喜歡讀注腳。但我並不喜歡作者卡羅（Lewis Carroll），我想原因可能是《愛麗絲夢遊仙境》作品本身透露出都市上流人士和中產階級的文

1 一八八五—一九七七，日本知名的星座、民俗研究者，著作相當可觀，包括《觀看星座的第一本書》、《星星的民俗學》等。

2 一八八九—一九五九，日本天文學家，對於天文學的普及工作貢獻卓著。

3 一七七五—一八三四，英國隨筆作家和評論家。

4 一八五七—一九〇三，英國諷刺小說家。

化氣息，受這些作品影響頗深的安部公房[5]，他父親是醫學學者，母親也曾發表過小說，他的家族背景如此。喜歡宮澤賢治的人也一樣——儘管我現在仍然毫不猶豫地將他的作品推舉為日本近代文學的代表作品——他和我幾乎是同輩，但只要是年少時受其影響的人，我每次與他們接觸，都能感覺到他們肯定是出身於都市中產階段，受過良好的教育。

後來，那個使我養成自學英語小說習慣的青年，的確成了為我帶來莫大幸福的老師。然而當他被聘為新制中學的臨時英語教師並擔任我的班主任時，問題出現了。他用一整個學期教我們學習英語音標。所以現在我對辭典中的音標很了解，但是具體發音如何卻不太清楚。

我一邊在教室裡接受那種偏差的英語教育，一邊拿著一本辭典，閱讀對譯小說。不只《愛麗絲夢遊仙境》，還有更多書。因此，等我轉入松山高中，聽到那些英語發音知識遠不及我，而且從未讀過一本英文原著的優等生們，驕傲地講著自己向當時被稱作佔領軍的ＧＩ（美國士兵）打招呼的經驗，不禁覺得他們非常膚淺。

如果有人給我一個單詞或句子，我能夠正確地標注音標，包括難辨的「ʃ、s、θ」。但我卻無法像美國人和英國人那樣發音。因此，對那些沒有認真參照辭典讀過一本英語原著的人說英語——甚至還演英語話劇，進行英語辯論——我批判他們膚淺，也許是出於孩子尋求內心平衡的心態使然。

和高中的英語學習不同，松山有一座圖書館，對於像我這種喜歡英語的人來說，那實在是非常幸福的。在那裡我找到了幼時特別喜歡讀的《騎鵝歷險記》（*Wonderful Adventures of Nils*）和《頑童歷險記》（*The Adventures of Huckleberry Finn*）的原著。

## 二

包括圖書館在內的那棟建築被稱為「美國文化中心」。它位於城山山麓的小河

5 一九二四—一九九三，日本小說家暨戲劇家，擅長以離奇的象徵手法描繪個人的孤獨感。

旁，二樓是明亮的開架式圖書室，在明亮的閱覽室裡整齊排放著高級桌椅。一夥高中生經常來此——我們之所以從街的東頭走到西尾，既是為了節約電費，也是想在富足的空間裡準備大學入學考試。第一次我也是為此目的去的，但後來又發現了新的理由。那裡有我曾經讀過的日文譯本——但淨是些粗製濫造的日文譯本——的原著，因此每次去那裡我都會讀上十幾頁原文。

邀我一起去圖書館準備考試的都是些出色的優等生，但他們沒有人對文學感興趣，也沒有人干擾我的暗中閱讀。他們好像認為我專注於閱讀比如《頑童歷險記》這類現在看來是多麼奢侈的讀物——太孩子氣了。說來確實奢侈，我因此而了解「美國文化中心」是在何種威權的監督下將這些圖書運到日本，是有證據可考的。美術圖書的書架上有關於印刷術和特殊印刷術研究方面的大部頭書籍，卷末有的附有版畫，甚至還有作者的簽名。

那時，我偶爾路過一家舊書店，聽到店主和常去店裡買書的一位顧客談到想從「美國文化中心」偷畫冊的事，我便迅速跑回文化中心，將那本大書改放入機械學和醫學圖書那列大開本的書架裡。在那個時代，從美軍那裡偷東西是可以大肆宣揚、引以為榮、很具有英雄氣概的行為。但我認為那麼精美的東西被日本人偷走是不應該的，當然並不是說被美國人偷走就是應該的。

優等生們毫不客氣地取笑我的執著和熱中是很自然的，其實我並不具有讀完任一本英語原著的外語能力；但是從戰爭期間到戰後，在那個書籍極少的時代裡，我清楚地記得自己曾反覆讀過幾本書，特別是幾乎可以全文背誦的《頑童歷險記》和《騎鵝歷險記》。我很快明白了拉格洛芙（Selma Lagerlöf）[6]作品的日文譯本被大量漏譯的事實，我還查著字典一一讀完了漏譯的地方。有次我讀馬克・吐溫的作品時，他們奪走了我手中的書，看了封面後優越感十足地笑著，彷彿在對我說：「你怎麼能看這種兒童讀物？」不僅熟悉譯文而且更加熟練掌握了麻煩的英語和高度敘

6　一八五八—一九四〇，瑞典諾貝爾文學獎女作家，《騎鵝歷險記》的作者，該書在於一九〇六年成為瑞典小學生的教科書。

事方法的我，絲毫沒有受到他們的傷害。

這也是因為讀譯著時銘刻在心的幾個地方，在讀原著時的那種喜悅非常深刻的緣故。於是我馬上持筆，從那頁開始，將以後的幾頁抄入筆記本，以便按原文重新背誦。現在我將記憶中的文字列在下面，第一段文章是哈克成為逃命的奴隸，將朋友吉姆的事寫信報告主人之後的感想。另一段是為了不出賣朋友，他下定決心撕爛那封信。下面是第一段的原文。

"I felt good and all washed clean of sin for the first time I had ever felt so in my life, and I knowed I could pray now."

我對美國孩子這種錯誤的動詞用法覺得很可笑——同時我也知道這是有修養的作家故意那麼寫的——儘管我知道此時哈克的心情是暫時的，他很快就會反悔，但此刻他能淨心祈禱仍舊叫我感動。

我明確記得第一次讀這篇譯文是在十歲以前——也就是在戰爭期間，從那以後，我一直將這一段記在心上。我曾經是一個多麼認真思考、知錯就改、淨心祈禱的孩子呀？

"It was a close place. I took it up, and held it in my hand. I was a trembling, because I'd got to decide, forever, betwixt two things, and I knowed it. I studied a minute, sort of holding my breath, and then says to myself:

'All right, then, I'll *go* to hell.'—and tore it up.

It was awful thoughts, and awful words, but they was said. And I let them Stay said; and never thought no more about reforming."

這一段文章是我一直最喜歡讀的，以前岩波文庫版的譯文如下——我記得自己孩提時最早發現的是中村為治譯的作品，不知道有沒有錯？

當時我很猶豫，我拿起它，放在手上，我的手顫抖著，因為我必須在兩者之間選擇其一，不能反悔，我屏住呼吸，一分鐘認真思考後，我對自己說：「那麼，好吧，我下地獄。」——我將那封信撕得粉碎。

那是個可怕的想法，更是可怕的語言，但是我的確說了，並且一直讓它存在下去，永遠不會悔改。

三

像這樣想起《頑童歷險記》的事，可見我和外語的關係有兩個特徵。第一是當我讀到或聽到一段外語句子，一被感動就會記錄下來；如果有譯本的話，我就會在自己所擁有的譯本空白處抄下來，非得將它們全部記住不可。

直接原因是，那些原版書在當時對於一個住在偏遠地方的中學生或高中生來說是無法輕易弄到手的，我也根本無法推測原著是什麼樣子，所以總希望將聽到的或看到的東西盡量保留在記憶裡。實際上，在我的人生中，這些偶然發生的現象出現過很多次。偶然聽到或看到的一段獨立的外文文字，我雖不明白其中的意思，但卻難以忘懷。經過一段相當長的時間後，偶然又遇到包含著那段文字的整篇文章，於是重新加深了印象，更加難以忘記。這些話聽起來可能很消極，但我確實將不明其意的某段文字記錄下來並積極努力去記住它。

在東京大學駒場教學總部的圖書館裡，我從鄰座研究學者讀的書上偷窺到一首詩，是布萊克（William Blake）預言詩的一節，隨著時間流逝，這節詩句的印象不斷加深。於是我將這段經歷寫入了《新人呀，醒來吧》。很小的時候，在森林山谷村莊裡的記憶中外語的隻字片語，基本上記憶已經模糊了，但最近，我發現它果然是真的。

祖母和父親相繼去世那年，菩提寺的住持經常來我家訪問。儘管還是個孩子，我仍舊依偎在媽媽身旁急切聽著住持的法話。有一次聽他說出了一個我不知是什麼外語的單詞：尼爾瓦納（Nirvana）。他還說漢字寫成「涅槃」。我可以推想「涅槃」

所描述的世界，尤其是母親對漢字的意義感受深銘。但我對兩個詞的對照深感興趣——雖然代表同一個意思——遂將其牢記於心中。曹洞宗的住持說：「尼爾瓦納」有豐富的內容，用漢字「涅槃」表示的話，有些生硬；但也說那兩個漢字是音譯詞，指的是同一個意思。儘管如此，我對那兩個單詞非常感興趣。不過我知道當時我還只是個孩子，只能靜靜地聽著，即使從母親懷裡站起來提問，也不會得到滿意的答案。

但最近我讀的一本書中直接談到了這個問題，那是寺田透[7]的晚年之作《道元和尚廣祿》中道元向眾僧說法的一段。「用漢字寫是四四方方的方塊字，用梵語發音則是有內涵的美文。」寺田君那段譯文的原文是「方語圓音唱涅槃」（筑摩書房版）。

我不禁感嘆，原來在永平寺修行的那個住持說的那個單詞原來有如此確切的出處。我對於「涅槃」的理解並沒有因此而加深，但是存在心中多年的一個疑團解開了。我就是這樣一個孩子，對表示同一意思的兩個外語單詞的不同發音和文字呈現會感到興趣。

其二，如我剛才提到過的，在學習外語的方法上，我喜歡把外語和日文譯文對照著讀。

還在東京大學駒場的教學總部時，我決定要學習法國文學，當時巴斯卡（Blaise Pascal）專家前田陽一先生在研討課上說，你們這些學習法語的就不要再讀翻譯作品了。我遵照了他的意見，學英語時也一樣。所以，升入東京大學本鄉校區後那三年——包括留級一年的時間——是我一生中讀外國翻譯作品最少的時期。然而因為我的外語程度不佳，雖然每天讀八個小時，實際上速度很慢。

在大學課堂上結識的優等生，都自稱用法語閱讀，用法語思考，對於先將法語翻譯成日語，都有一種輕蔑的態度。

但是對我而言，閱讀法語——或英語——像剛才所言，必須與日語對照比較才

7　一九一五—一九九五，日本文藝評論家暨梵文學者。

具有真正的意義。對我而言，處於法語原文（英語原文）、日文譯文和我自己的語言這三者構成的三角關係中，是一種充實的、知識的、情感的體驗。

我的文學生涯中雖然沒有出版翻譯作品的經歷，但是在這個三角形的磁場中，三個方向相互作用的語言活動，為我日後成為小說家奠下基礎。從那時開始到四十年後的今天，每天上午我都將計畫閱讀的法語或是英語書籍和辭典，還有用來劃線的有色鉛筆和加注的鉛筆放在案頭，開始閱讀。下午則是創作小說的時間，有時也翻譯上午讀過的片段，從中獲得新的創作思路。有人批評我的作品中引用外國的詩人、作家和思想家的話太多，可能就是因為這個原因吧。

## 四

像這樣，多年來我每天持續閱讀外語文章，但是我的外語表達能力始終很差，在會議上相識的外國文學界朋友，我非常喜歡讀他們的作品，有些人的詩我甚至能背誦幾行，但是卻從來沒有十足的自信敢當面脫口而出。後來我們逐漸成了朋友，他們也漸漸熟悉了我的發音，我便經常引用，有時他們還拿我開玩笑，說我是「引用大王」。

前不久，三十年前我認識的一位奈及利亞作家來到東京，他是非洲第一位獲諾貝爾文學獎的劇作家和詩人。在一次公開討論的會場上，同步傳譯的機器發生故障，我不得不用英語主持會議。在等待開會的空檔，他認真地問我：「你的英語自己很明白，可是別人卻聽不懂你的口音，到底你是在哪個殖民地國家學的呀？」

我開始重新考慮這個問題。單就外語閱讀來講，那是一項精神活動，我處在由外語、日語和自己的語言構成的三角關係中，在接受別人語言的同時，搜索自己的語言。那麼運用外語講話又是怎樣呢？最後我終於得到結論——我是為了和自己交流才使用外語的，這是一個不可思議的答案。

正如我在本章開頭寫的那樣，學習外語當然是為了和別人交流。只有透過用自己掌握的語言，才能實現和外國人相互溝通。我有這種經驗，在世界各國舉行的會議和研討會上，談話的雙方都使用非母語的英語——或法語——交談，以增進理解，往往能夠達到意想不到的深度，真是非常有趣。這樣結識的朋友頗有幾人，像索因卡（Wole Soyinka）這樣的朋友現在依然密切聯繫。

我雖然有使用外語生活的經歷，但是對我而言，外語最根本的目的還是和自己交流的工具。話雖如此，我倒不曾對自己講英語或是法語，然後回答自己。但是當我讀到重要的文章段落時，總是想將它翻譯成日語，不如此做就不舒服。另外，雖然原文是日語，但我也會為了更明白地說服自己，而將其翻譯成外語來感受。

在這方面，用語言學的領域來講，日語有一個獨特的表記方法，就是「標注」（加注片假名），這是非常有效的。比如，有一段時間我在小說中經常使用「悲嘆」、「喜悅」這些帶標注的單詞。只有這樣，我才會感到在漢字和標注之間產生相互作用，意義更加深刻和準確到位。因此，對我而言，日語的「悲嘆」和英語的「grief」，還有日語的「喜悅」和英語的「rejoice」，因著相互作用而形成一個共存空間。我認為在作品和現實生活中，來自兩種語言世界的想像力，透過語言的交合發生關係，會產生第三種涵義。

對我而言，「grief」一詞有福克納（William Faulkner）文學世界裡的背景，「rejoice」一詞則帶有葉慈（W. B. Yeats）詩的境界。同樣的事情不僅限於單詞，句子、段落、文章的部分……就這樣，陸續在各個領域裡引發我的聯想。也許，這正是促使我創作新作品的動力吧？

# 第三章

# ——敘事，即如何敘述的問題

## 一

每次重讀我最早的短篇小說〈奇妙的工作〉，對於自己如何能這麼自然地展開「我」的第一人稱敘事方式，總讓我感到很不可思議。如果有人就此提問，我也只能回以一臉天真的表情，似乎在反問難道有別的寫法嗎？因為做為一個二十二歲的法國文學專科的學生，我只能這麼開始。

沿著附屬醫院前的人行道朝大鐘走去，在剎時映入眼簾的廣闊十字路口，可以聽到從茂密路樹後面施工鷹架拔地而起的工地上，傳來不停的狗吠。風颳起來，狗的吠聲愈加激烈，彷彿騰空而起，在遠方不斷回響。

走在往來大學的路上，每逢十字路口時我都側耳傾聽，期盼著能夠聽到狗的叫聲；有時怎麼也聽不到，但其實我對吠叫的狗群並沒有多大興趣。

但是，三月末，當我看到學校公告欄上的招聘廣告時，那些狗的吠聲卻像瀑布一樣，浸透了我的全身，改變了我的生活。

現在，有時我會想，有一天，一位年輕作家創作了一篇短篇小說，雖說創作這小說本身有些滑稽，但還是被印成鉛字登在大學校刊上。假如他來信問我是否可以從此做個小說家繼續人生的道路，要我給些建議的話——雖然從未發生此事——我想我應該會寫信勸這位青年人繼續創作。「這樣開始一生的創作，一定是很辛苦的，但既然無論從事何種工作一生都會辛苦的話，鼓足勇氣挑戰一下又何妨呢？」

如此判斷的根據在於，這篇短篇小說的敘事採用第一人稱的「我」，絕無勉強，實在巧妙。實際上當時只有二十二歲的我並沒有向任何人請教過，自從發表了這篇短篇小說後的一個月起，我從來沒有停止小說創作和為此而作的筆記。一直持續到五十多歲時我發表小說《燃燒的綠樹》。

但是，這篇短篇小說的作者可能收過這樣的回信，「一生從事創作是非常辛苦的工作」，那種殘酷的種子，深深植入了剛才引用的開頭一段中的「我」的心中。用「他」或「太郎」、「喬」、「皮埃爾」等寫法，我的小說家生涯也許會更自由，但是我認為我的小說的魅力所在——由自己來說有些可笑——正在於「我」的人稱運用。儘管如此，在進入本鄉學校上學後的第一個春假裡完成的這篇短篇小說中，我毫無猶豫地採用「我」的敘事方式，現在回想起來，那是極其自然的。

後來經常有研究日本的外國學者問我，你的「我，ぼく」[1]和私小說[2]中的「我」一樣嗎？如果讓你自己翻譯成英語或是法語的話，你會譯成「I」和「Je」嗎？

年輕的時候，我也和別人一樣反對發表在文學雜誌上的私小說，當然，不能把大正與昭和前期的作品一併否定，因為使私小說走向衰弱的是現在從事私小說創作的作家自己。我反省了過去自己的無知，重新發現在優秀的私小說中，「我」往往都個性鮮明，栩栩如生。

當我開始以天生殘疾的長子為模型創作短篇小說和長篇小說時，在敘事方式上仍然明確採用了私小說的「我」。描寫我那殘疾兒子出生的第一部短篇小說〈空中的怪物〉，我採用了「我」的敘事體，但文章的主人公卻是第三者。在長篇小說《個人的體驗》中，我採用了「鳥」這個第三人稱的方式來刻劃主人公，另外我還寫過以「胖男人」等奇怪稱呼的第三人稱作品，那應屬例外。

因此，我創作的作品中，特別是以和長子共生為主線的作品，自然是受了私小說的影響。但是，做為一個私小說作家，那些應該排斥的理論意義上的虛構，卻被我充分自由地加以利用。本來那些作品中的「我」和「ぼく」，並不是現實中我的再現。

我的小說世界中自從出現了天生殘疾的長子後，以他為創作背景的小說逐漸增多，幾乎所有的作品都是採用「我」或「俺」的方式展開。我決定把《燃燒的綠樹》做為我的最後一部小說，雖說有些深層的原因，但這也是根本原因之一。因為「我」、

1　日文中代表男性的我——編注。

2　日本小說的一種形式。

「俺」和「私」等的敘事體作品無法支撐更加深化的靈魂主題……所以在創作《燃燒的綠樹》時，我創作了具有兩性特徵的女人—年輕人，「他」—「她」的故事通過「我」來表述。做為作家，我感到我的表達，進一步講是我的思想，受到了某種限制，如果不是採用這種我慣用的創作方法，我可能會進入一個可以更加自由地思考和感受的世界裡去。

最初我不經意地採用「俺」的敘事體作品的主人公，「我」成為了我的文學創作的主線，經過一番努力，我是被逼不得不那樣做的。換句話說，原本無心插柳的我不曾預想到那顆「一生從事創作將是非常辛苦的事」的種子，早在當我於大學校報上發表短篇處女作時就已經播下了。

## 二

出現在〈奇妙的工作〉中的「我」被狗咬了，這種沒出息的被動出場方式，在當年大學的五月祭獎揭曉，小說發表時，當然無人知曉。因此，那是一種真實的寫作方法，即使是「我」咬了狗一口，讀者也不會認為不可思議，是「我」違背事實撒了謊。讀者不知道作者是位年輕的學生，因此敘事者「我」就那樣以作者的身分為大家所接受。一個貧窮的學生作者，有了一個滑稽可悲的經驗。「我」就這樣在我的小說中成長述說。於是，我並且在發表短篇的報紙上寫了一篇隨筆，亦即我真實的人生體驗，反對砂川美軍基地擴張的遊行，當時我的情感，和殺狗的「我」的情感徹底一樣。這兩種情感的糅和是自然的。

當時如果有人對我說，創作小說的「我」，不用說就是你，和小說中的「我」，還有從事創作的你本人，綜合三者——就是你，可以這樣說嗎？如果有人這樣問我的話，我想我會肯定地回答：「是的。」

無庸置疑，甚至用不著提出福樓拜和包法利夫人這樣有名的例子——大多數的小說家都會理所應當地回答「那就是我」。姑且不論這點，我在此要強調的是，做為創作〈奇妙的工作〉的作者，發表此短篇隨筆的學生，以及短篇小說中的主人公

「我」，三者是統一的。我當時創作時就有此覺悟，如果現實生活真有這種「奇妙的工作」，我想我會毫不猶豫地接受，也去體會和作品當中的主人公一樣既滑稽又悲哀的感受。這篇刊登在大學校報上的短篇文章被一些優秀的評論家和經驗豐富的編輯們看中的直接理由，也是因為它雖然稚嫩但卻是很切實的敘事體吧。

〈奇妙的工作〉刊出之後，文學雜誌社又來約稿，我勇敢地答應了。就這樣直到今天我在漫長的作家生涯中，走入了一個完全的「我」的世界。有名的編輯們對大學報上一個名不見經傳的年輕學生的短篇小說產生了興趣，派來年輕的編輯向我邀稿，後來過了很久，已升任編輯部主管的編輯跟我說：「如果你當時拒絕我們的約稿，我們會更加敬佩你！」他是笑著對我說的。我想他並非本意，但是我卻開始拚命創作，不僅大量閱讀日本的戰後文學，也大量讀了美國文學和法國文學小說的譯著和原作。我認為只有這樣的創作方法才是現代小說，於是就創作了〈死者的奢華〉寄給出版社……

在此做為注解我想就兩點做個說明。其一，創作〈奇妙的工作〉時，我自己並未如此振奮過。當時我高中時代的一個朋友，他叫伊丹十三，那時從事商業設計工作。我純粹是為了博得他的歡心，才創作了獨幕劇《野獸之聲》，後來將其改編成〈奇妙的工作〉。所以可見第一人稱「我」的敘事方式，的確是很自然地運用的。

其二，我認真地接受了雜誌社的邀稿，當時並沒有顧及年輕編輯的想法。後來接受另外一家出版社的邀稿創作〈他人之足〉也一樣，讓我更加自信。接下最初的邀稿，花了兩三週時間創作出來的其實並不是〈死者的奢華〉，這一點事實上也是很重要的，因為那是一篇第三人稱的客觀敘事方式。為此我費盡心思，而且我認為那是我所以能創作出現在小說所必須承受的。

終於創作完成一部作品，下課後我交給德國文學系的一個朋友柏原兵三閱讀。他馬上就告訴我這部小說不行。我於是將包著原稿的文件袋子，扔進經常聽見狗吠的附屬醫院旁專燒垃圾的垃圾場金屬圍欄裡，回到了宿舍。

認真地接受雜誌社約稿的我，眼看著距離交稿的時間只有三天，我開始煩惱了。當時我採取緊急避難的做法，首先考慮的是一個很懂文學的朋友新的敘事體已經被他否定了，再運用其他體裁創作勢必也會遭到同樣後果。接著我進一步分析，並得出結論，不僅僅是那種敘事方式，用那種人稱創作的小說的素材，從觀念上也是行不通的。當初的題材是我來駒場那年，在圖書館前的大布告欄上看來的。御茶水大學的大學生自殺後，他所屬的黨派張貼了傳單。一個和我年紀相仿的女大學生被思想運動迫害死亡，讓我留下很深的印象。我曾就此寫過一篇小說叫〈火山〉，發表在駒場的一家雜誌上，也許我的處女作應該算是這一篇。

現在看來，即使那是一位四十多歲的政治運動先鋒自殺，為運動而獻身，我想我也會退一步仔細考慮一下全局。但當時的我只是個十九歲的孤獨青年，單純地被那傳單深深打動了。從那時開始，我對思想運動和政治運動的活動家們產生了矛盾的感情，既尊敬又不信任。

當時不得不開始創作的我，決定再次採用我在〈奇妙的工作〉中所創造的敘事體。當我著手開始下筆時，整體構思雖尚不明朗，一些細節卻逐漸顯現出來，整個故事略具雛形。也就是說，不僅是敘事體本身，敘事主題和敘事人物、情節的展開也是那樣形成的。曾經給予〈奇妙的工作〉高度評價，說它是我步入文壇的最初的時機的平野謙，在評論我的第二部作品〈死者的奢華〉時說，與第一部作品具有異曲同工之妙，真是一語中的。如果其他評論家們也讀了東大校報，對於我這位新銳年輕小說家的踏入文壇，也許就一般評價了？

就這樣，我完成了〈死者的奢華〉的創作，並在僅剩下一天的期限裡用同樣的敘事體——雖然這次「我」變成完全虛構的人物，一位療養院的患者——創作了〈他人之足〉。

## 三

從那以後，我開始在雜誌上發表作品，正式步入文壇成為一名新人作家；同時也被我在〈奇妙的工作〉和〈死者的奢華〉中未認真思考而採用的「我」的敘事體給限制住了。雖然後來的作品不一定都是異曲同工，但採取敘事方法來創作，卻決定了我的小說風格。我認為，「我」，做為一個鄉下農村少年講述的〈飼育〉，以及做為一個疏散到村裡來的感化院少年講述的〈拔苗擊籽〉，都充分運用了敘事體的潛在能力。我想自己在那時完全成了敘事體的俘虜。

《個人的體驗》是我早期即將要沉淪時，終於戰勝危機的紀念作品，那危機之大，從收錄在《〈拔苗擊籽〉和初期短篇㈠》中後半部的作品中清晰可見。我勇往直前地惡戰苦鬥，但仍是沒有從「我」的敘事小說世界中掙脫出來。

天生殘疾的長子降生，不僅帶給我新的小說創作主題，為了應付現實生活的問題，也為了能夠往前踏出一步，我創作了兩篇小說中的短篇〈空中的怪物〉，著實地採用了〈奇妙的工作〉以來的「我」的第一人稱敘事體。而且這部小說中的「我」，最明確地保持了一個旁觀者的定位，把要不要接受畸型兒這件事，完全留給老年音樂家。音樂家因事故喪生，卻死得和自殺難以分別。讓「我」在敘事體的小說中自殺，只能以遺書的方式寫，我認為這是使我在敘事小說中感到不自由的原因之一。

說起來很簡單，但是如何讓一個敘事主人公死亡、然後成為一個作品，這是非常進退兩難的困境。就像我在新制中學修學旅行時買的、邊怕邊看的雨果的《一個死囚的末日》（*Le Dernier jour d'un condomné*），還有後來認真確實讀的卡繆的《斷頭台上的回憶》（*Réflexions sur la guillotine*），都和這困境相仿。每當讀到這些長篇小說中插入的自殺、被殺和病死段落時，我就會聯想到幼時深藏在內心的進退兩難困境。

這種事情多有發生，我將梅爾維爾（Herman Melville）在《白鯨記》（*Moby Dick*）尾聲處引用的《聖經・約伯記》「唯有我一個人逃脫，來報信給你」當做小說的創作原理。儘管現在我計畫從「我」和「私」的敘事小說世界裡解放出來，創作此生最後一部小說，但我仍舊認為《約伯記》的那句話毫無疑問是二十世紀小說最大的原理。

如果說《個人的體驗》是一部成功的文學作品，原因應該在於我創造了一個客觀的人物「鳥」，而他的經驗毫無保留地感動著我，我也承受下來，總之，畢竟還是因為我寫了一本「鳥」的小說吧。因著這部作品，身為一名作家的我，生平第一次有意識地努力從「我」的敘事世界中掙脫出來。

小說的視角經常是從「鳥」的視角，這一點和我的敘事小說幾乎一樣；但是為了確保小說故事的真實性，年輕的小說家有必要採取這種視角。我想這是批評莫里亞克（François Mauriac）[3]對「神」的看法的沙特（Jean-Paul Sarte）教我的吧。

俯視所有的小說，走進小說中每個人物——即使有代表性的幾個人物少之又少——的內心世界，想起以托爾斯泰為首的十九世紀小說，總能讓我重溫小說創作過程中的魅惑。二十世紀世界小說的偉大作品穆西爾（Robert Musil）的《沒有個性的人》（*The Man without Qualities*），之所以成為我畢生鍾愛的小說，原因就在於他能夠自由又不失真實地走入對話的雙方或三方的內心世界，同時成就了自然豐富的真實性。

## 四

與其說從《個人的體驗》以後，不如說一直到現在，我仍然沒有從敘事世界中掙脫出來。也許對此不滿正是使我決心繼續創作的理由之一。當我醞釀新的作品時，雖然是在夢中摸索創意的階段，可第一步先要解決的問題就是敘事體的問題。

現在回首《個人的體驗》以後的作品，就敘事方式的問題來說，從《萬延元年的足球隊》和《教我們繼續瘋狂之道吧》兩部作品中可以看出，為了它我付出多少努力。以上兩部作品的主題對於當時的我非常重要，也是創造新形式的作品。只有作者本人才能讀出那如何在束縛自己的「我」和「我」的敘事方式之間爭取更大自由的惡戰苦鬥記錄。

3　一八八五—一九七〇，法國天主教小說家，一九五二年諾貝爾文學獎得主。

《萬延元年的足球隊》中的「我」，原本可以採用第三人稱根所蜜三郎來處理，而我用了第一人稱的方式。只有這樣我才能使小說中的「我」從我這個小說家的身體裡自由超脫出去。正如小說第一章明確寫到的，「我」和創作小說時的我境遇幾乎相等。

在開始構思這部長篇小說時，最初草稿上的創作我幾乎用了三年時間，都寫煩了，雖然現在記不太清楚了，但我想應該是採用我一貫使用「我」的敘事體，從沒有創作出第三人稱根所蜜三郎這個人物。在和雜誌社的編輯協商後，我決定將這部構思停滯的長篇小說拿到雜誌上連載，促使我繼續完成創作。繼《個人的體驗》完成後幾乎兩年的時間，是我的創作構思的時期，其中當然包含在美國居住的幾個月。在我國的文壇上，對一個獲得文學大獎、年輕而備受矚目的作家而言，實在是一段太長的準備期。

決定在雜誌上連載時，我將積攢下來的那堆草稿做了整理準備運用。即使有了新構思，也不肯放棄原來的草稿，這始終是拖累我的一個弱點。終於創作完成了第一章，重讀時那些草稿紙彷彿是一幅幅的立體剪貼畫。作為小說的創作者——小說的敘事者，又幾乎全是日記和遺書式的自我表白的文章。如下的文字連續堆積了幾頁。

> 在黎明前的黑暗中醒來，懷著熱烈期待，摸索著噩夢之後殘存的記憶。吞下威士忌使內臟燃燒起來的感覺，熱烈的期待感的確回到身體內部；焦慮地等待和摸索，卻總是空虛一片。

毫無疑問，敘事的主人是作家本人，但我連主語「我」都省略了，在此之後我終於又創作了兩篇獨立的文章。

在創作《教我們瘋狂之道吧》這部短篇小說集時，我把早期發表在雜誌上以此為名的短文命名為〈表〉，另一篇命名為〈裡〉，然後將其統一在作品〈父親你去哪裡？〉中。〈表〉的敘事採用了「胖男人」的第三人稱，而小說是透過「胖男人」

的敘事展開的，採用了「胖男人」眼中的視角；小說中的「胖男人」在歷盡各種磨難之後，下決心痛改自己的人生。結尾處是這樣寫的：

男人放棄了為死去的父親做傳，寫信給事實上根本不存在的**那個人**。教我們瘋狂之道吧，他重複著寫信，或是寫下「我開始自閉生活是……」等幾行字。並且，把筆記像遺書一樣地鎖進了抽屜，絕對不給任何人看。

前面提到的〈裡〉的部分，是如下開始的：

……在自我封閉的日子裡，父親……寫到這裡，我發現自己陷入了僵局，不得不中止草稿的創作。

身為作者的「我」在這之後還是就一個空幻的、但盡可能貼近現實中的父親，亦即我自己的**父親**和兒子之間的關係，繼續創作下去，終究完成如下小說：

父親……我重新開始創作，我究竟為什麼創作，對於這個問題後來我充分認識到，要不就將父親的傳記完成，要不就徹底放棄。父親開始自我封閉的生活是……

在這種有意識且複雜構造的敘事口吻，和「我」的所構成的敘事世界，彷彿在水乳交融形成的場裡惡鬥奮戰的兩種力量，這樣我對**敘事世界的神靈**高呼：教給我們擺脫瘋狂的方法吧！這難道不是作家生涯的全部嗎？我茫然以對。

# 第四章——在詩人的指引下

## 一

做為散文類的作家，我當然對詩人懷有深深的敬意。對於外國詩人和日本詩人更是如此。新制高中二年級時，第一天上課，在另一個教室裡，古文老師讓我們每個學生都回答為什麼選修這門課。我不經意地回答說：是因為我想讀我們國家的古典詩。從此，脾氣古怪的老師就費心勞神地提醒我這個剛從山裡高中轉學來的學生，說連老師自己都沒意願一讀的古詩，如果不是從事這個職業根本不會自發去讀，你為什麼要講諂媚老師的話呢？

從那以後的一段時間，每次在走廊與同樣選修古文的女生擦肩而過，總會聽到吃吃的笑聲。受此沉痛教訓，從此在老師和同學面前，我絕口不提自己在暗地裡偷偷閱讀日本古典文學。不過，回到宿舍，我又開始品味各式古文，還徜徉在現代日語詩人的世界中。尤其是三好達治，還有萩原朔太郎。我在大岡昇平編輯的詩集中，也讀到了中原中也和富永太郎。從高中畢業那年起，我便成了谷川俊太郎永遠的忠實讀者。

我從大學開始讀的法文和英文詩並沒有誘使我去寫詩，卻有些神奇地使我對小說的寫作技法產生了夢想。因為在讀英文詩的譯作時，我覺得用這種文體可以寫出自己隱約勾勒的這個國家所沒有的小說，而且實際創作了短篇的習作。

給我如此啟發的艾略特（T. S. Eliot）和奧登（W. H. Auden）的詩，譯者都是深瀨基寬。現在想起來，可能是深瀨基寬的日文文體誘使我產生這種想法。事情的起因是我在大學生自辦的圖書部，發現了兩本比我當時買的書平均價格貴得多的翻譯詩集。雖然把這些書和原詩一起收藏對我來說在經濟上有一點兒困難，可心裡還是很想買。當時，以學生的身分購買進口原著是很困難的；因為數量極其有限，價格又高不可攀。於是，我就從大學圖書館裡可參照的原詩集中，把原文抄到自己喜歡的翻譯詩集上。現在我的書庫中還收藏有創元選書出版、日夏耿之介翻譯的《保羅詩集》——我很喜歡日夏的翻譯風格。

同樣小心地珍藏，而且現在偶爾還會拿出來一讀的書是筑摩書房出版的《艾略特》和《奧登詩集》。這些翻譯詩集是如何引導我走向散文體，進而創作出新的小說——敘事小說——的呢？儘管這對我來說是再明白不過的事，可對看過我初期作品的人來說也許會感到有些不可思議。不論如何，下面幾段翻譯詩的文體卻給我留下刻骨銘心的印象。

艾略特的詩〈普魯佛洛克的戀歌〉（The Love Song of J. Alfred Prufrock）如下開始：

那就去吧、你和我／像手術台上被麻醉的病人一樣／在那晚霞滿布天空的時刻

背靠著街窗的玻璃／黃色的霧氣飄過長街／想一想，還有時間吧。

奧登的詩〈一九二九年〉開頭由戀人們找尋新的愛語季節切入：

復活節裡，我聽著公園中傳出的蛙鳴／眼看著天空的大朵雲彩／悠然地飄過／賦予新名字新含義吧，

接著如下急速展開：

猛然間由遐想回到現實／發現長椅上一個男人在獨自哭泣／低垂著頭，嘴角扭曲／就像是隻齷齪、醜陋；像蛋殼裡的雛雞／於是我想起了，死去的人們。

我覺得，對照原詩來讀這些翻譯詩，自己也可以創作出新的小說文體。不需經由詩的文體，我也可以不必單純地模仿，可以思考很多事。看看年輕的自我，動不動就悔恨過去的性格，我現在仍想鼓勵自己向前，告訴自己從這些詩中汲取力量是正確的。

特別是奧登的詩，我感覺其魅力正是在於這些事物，透過瑣碎且具體的事物乃

至於人物，用共通的辭彙和敘事吟誦出人物、社會、政治和國際關係。而且我更喜歡艾略特將詩般的優雅轉換到日常體散文筆調——或者相反方向——的寫作方法。

在被兩者以及日常生活的觀察基礎上、形而上學的神祕主義的豐富閱歷和深奧的表達所吸引的同時，也將其視為我創作新小說形式的指標；雖說我沒能很快在我的作品中實現。

## 二

剛開始接觸到布萊克的時候，我根本沒想過要寫小說。不過，後來想想，覺得自己其實不僅是單純地開始讀詩，而是會用小說的方式來反思自己的兒少時期，帶著這種預感來摸索小說的文體，這才接觸到布萊克那些風格獨具的詩。

在英國學者對日本現代文學的評論中，有人多次論及某個作家令人不解地棄布萊克的優秀短詩於不顧，獨言欣賞其長篇預言詩。那位被譏諷的某個作家就是我。

雖然我的文友的確沒有人愛讀預言詩，可我並不認為自己對布萊克的《天真之歌》（*Songs of Innocence*）、《經驗之歌》（*Songs of Experience*）和《皮克林草稿》（*The Pickering Manuscript*）之美缺乏鑑賞力。我是在對詩人布萊克的作品毫無知曉的——儘管我讀過前面提到過的短詩集——情況下，偶然讀到了他的一節預言詩，隨即就完全為之傾倒。

在《新人啊，醒來吧》中，我描述了這個過程。我把我發現的一節從預言詩《四個挪亞》（*The Four Zoas*）中分離出來——因為我只讀了這幾行——自己翻譯了這一節。

> 人必勞其筋骨，悲其心志，學而後忘，而後歸之／自來時之幽谷，重始新之勞苦。

在駒場的圖書館裡，我無意間看到了這一節，頓覺怦然心動，這時我並沒有想到那是布萊克的詩句，也可以說缺乏這樣的基本修養。在那以前我讀過布萊克的短詩集，甚至還默記了幾段。可是，與之完全不同的聲調——雖然將音樂的比喻導入文學並不合適，但就像舒伯特和貝多芬般不同的東西——在這長長的兩行中迴盪。而且在圖書館寬大的書桌上、旁人展開的書頁中，我看到一行行同樣凝重綿長的詩句。

在我的感覺中，當我看到這兩行時，感覺上它好像不是詩，而是做為從過去到現在、進而到未來占卜自己命運的東西——也就是預言詩——向我襲來。之後，時光流逝，我的現實生活中誕生了一個殘疾兒，跟著又是歲月匆匆，我終於清楚知道布萊克的預言詩的確是一種預言，遂又繼續讀下去。接下來，由於在布萊克的魔鏡中映照出與光共生的意義，從而能夠創作出具體的作品。預言終究成了現實。

對於剛才的兩行，我之所以不把它們當做詩，而當做預言加以接受，完全是由於我深信英文詩的風格就像我同時期讀的艾略特和奧登的詩那樣，內容深奧凝重又兼有明快的散文性，當時的我並沒有能力把風格迥異的這兩行當做詩——甚至不知有布萊克的預言詩存在。

但即使認識到這一點，獨立閱讀布萊克的預言詩仍然是相當棘手的。於是我請在駒場結識的研究英國文學的學者朋友山內久明推薦一些研究書籍，與原文對照著讀，藉此進一步理解布萊克的詩。我的自學方法首先就是請可以信賴的專家朋友推薦基本的研究書籍。讀完這些書後，我就會知道自己需要哪方面的參考書，也就能夠在進口書店的書架上做出有效的選擇。

由於布萊克的關係，我發現兩位特別吸引我的學者或學者詩人，分別是《布萊克，對抗帝國的預言家》（*Blake: Proghet Against Empire*）的作者艾德曼（David V. Erdman）和《布萊克與上古傳統》（*Blake and Antiquity*）的作者雷恩（Kathleen Raine）。將艾德曼和雷恩並列，可能會使研究布萊克的人感到多少有些奇怪。艾德曼是將布萊克與社會背景結合起來，發掘出現實性佐證的學者；雷恩則是以基督教以前的信仰，即傳統的神祕之光照射出布萊克靈魂課題的詩人。我在埋頭於布萊克作品的數年間——雖然由於創作《新人啊，醒來吧》的原因，我從中脫離了出來，可時至今日，一旦我找到湯普森（E. P. Thompson）或艾克洛德（Peter Ackroyd）關於布萊克的新書，還是忍不住要讀——我的眼前總是閃現出布萊克、艾德曼、雷恩組成的神聖三角形。

我在學生時代就熟習了艾德曼那種以社會性脈絡學習文學教材的方法。如果不算盧卡奇[1]的話，我從未接觸過社會主義現實主義文學理論。所以左派評論家的教條主義批判總是說我對馬克思列寧主義的文學理論一無所知。現在看那些習慣恫嚇挑釁的右派評論家，從他們衣袖下面可以窺視到年輕時就罩上的意識形態盔甲，我只能發出嘆息。即便如此我仍然是沙特的忠實讀者，所以對艾德曼以社會性脈絡學習文學教材的方法反而倍感親切。

而且對我而言，艾德曼更大的魅力在於他的浪漫主義評價。布萊克及其文友，特別是柯立芝對浪漫主義的二次定義深深吸引了我。那是一種用情感語言表達出薊花的美麗和天空的廣闊，以及美國獨立的社會變革的人類精神。透過艾德曼我領悟浪漫主義觀察世界的主要方法。之後我又接觸到威爾斯詩人托馬斯，在他的散文裡，我也找到了我們評價柯立芝的共同取向。

雷恩魅力的光芒，在於這個神祕女詩人能夠以布萊克的詩和繪畫為素材，深刻理解至今一直被人們忽視的新柏拉圖主義。受雷恩的影響，我以明快的神祕主義方式重新認識了與光共生經驗。

## 三

從高中一年級開始，我就讀了但丁《神曲》的幾個譯本。正宗白鳥[2]年輕時的但丁經驗就是一個指標——當然在他之前，日本也有很多文學家受到《神曲》的影響——加上翻譯文學普及版全集的貢獻，這部晦澀難懂的古籍讀者遍布日本各地，

1 一八八五—一九七一，匈牙利馬克思主義哲學家、作家和文學評論家，強調寫實主義文藝理論，對二十世紀上半葉歐洲共產主義思想影響甚大。

2 一八七九—一九六二，日本小說家、劇作家暨文學評論家，自然主義文學的代表性作家。

數量之多連義大利人也會感到難以置信吧。

我的母親雖然沒受過教育，對於書籍卻有著不可思議的直覺，她在圖書取得相當困難的戰爭時期弄到的《騎鵝歷險記》和《頑童歷險記》，很快就成為指引我文學方向的書籍。雖然前者的譯文稱不上好，可是至今只要看到那騎在鵝背上飛翔的小小少年畫像，禁不住就會心馳神往……

剛剛戰敗的時候，有一次，母親在檢查作為小規模的家業購進的岡山近郊的花毯一樣的山時，對站在身旁的我說：要是有這麼多的燈籠草，那該會淨化多少的靈魂啊！

在那個當下，反問她原因也只會得到含混的回答。所以我就將花毯的清香和令人不解的感觸保存在記憶中。數年過後，我在岩波文庫的新刊《神曲》中——與前面提到的兩冊詩集一樣，三冊書現在都以藏在我的書庫中，那好像是在考試落榜的三月，做為禮物買給不得不再忍受一年痛苦生活的自己的——找到了母親謎一樣話語的答案。雖說那時裝滿花毯的倉庫早已經轉賣給別人了。

那就向前，在他的腰間束上一枝光滑的燈籠草，再洗淨他的臉，除掉一切污穢。（山川丙三郎譯，岩波文庫出版）

這是岸邊守護神小加圖（Cato of Utica）勸告來到煉獄的但丁和嚮導維吉爾（Virgil）的話。母親竟能記住這些個地方，不禁讓我體認到《神曲》譯著在我國的普及度著實令人難以想像。

從我自身讀書的角度講，但丁真正具有意義是從我借助雷恩閱讀布萊克的神祕主義時開始的，至今已有二十年了。我總是想，讀書也分時期。與書邂逅，往往需要等待。不過以前那種刻在年輕記憶中的**糾葛**，像三振出局或擊出壞球一樣的讀書方法，也並非一無是處。

從布萊克為《神曲》所畫的那些比插圖要壯麗得多的繪畫，以及從雷恩對其詩作與但丁的結合的深邃講解中，我開始認識到這兩人身後無限擴展的神祕主義世界。另外還加上弗萊（Northrop Frye）的《偉大的密碼》（*The Great Code*）的支援

——他的《可怕的對稱》（*Fearful Symmetry*）是我開始有意識地讀布萊克的作品時，最早的參考書之一。雷恩在這項與她相同方向的先驅性工作中加入了保留條件——我很自然地被推向了《神曲》和它的研究文章。

儘管安德森（William Anderson）的《創造者但丁》（*Dante the Maker*）的評論非常有趣，我還是覺得它是很通俗的東西。最能夠永遠影響我的是從宇宙論的角度、踏實地進行科學分析的波依特（Patrick Boyde）的《但丁，愛神話愛智慧的人，宇宙之人》（*Dante Philomythes and Philosopher: Man in the Cosmos*）。後來，我根據由這本書引發出來的主題寫成了《給令人懷念的青春的信》。

接下來對我來說很重要的書還有弗里切羅（John Freccero）的《但丁——悔悟的詩學》（*Dante: The Poetics of Conversion*）。它用令我信服的方法，論證了為什麼但丁在序章裡要用三頭怪獸阻止登山，為什麼不直接到天國而要周遊地獄、煉獄？這些正是我在讀《神曲》時自己也萬分疑惑的問題。由此，我又把目光轉向到**悔悟**之前非得病倒在異鄉羅馬的聖奧古斯丁（Augustine）的一生。由此引發的思考，直接投影在《燃燒的綠樹》上。

為什麼人在達到真正的**悔悟**之前，一定要去危及生命的異鄉，用奧古斯丁的話說，為什麼一定要前往呢？那可能是關於人心深處不可解的祕密，而且也不僅限於猶太—基督教世界。在日本的例子中，則有空海、道元的中國之旅。還有，大概終身也不會**悔悟**的我曾被下面這種可怕而又迷惑的想法所吸引。

人類的歷史中，敢於前往，在完成**悔悟**之前，病倒、死去的人，難道是少數嗎？說不定，那就是在老年將至時卻還承擔海外工作的自己的命運……

## 四

永遠不**悔悟**的人的認知，大多來自於葉慈。有很長一段時間，我都將〈選擇〉（The Choice）的譯文夾進在葉慈詩全集中的幾張翻譯草稿卡片上：

人類的理智被強加以選擇
是人生的終結，還是工作的結束
如果選擇了後者
如天堂橫斷，只能在黑暗中憤怒
所有的故事都終結時，還會有什麼新的傳說？
幸運地也刻上了辛勞的傷痕
自古就有的麻煩事，是空空的錢包嗎？
還是白天的虛榮、夜晚的悔恨？

我從葉慈那裡學到的是不加入任何信仰，永遠思念天堂的詩人態度。日本文壇現在還盛行著舊教、新教那樣的信仰作家、評論家的發言，特別是剛入教門的精銳們站在教會立場的呼喊，有時會讓人覺得那些都是悠哉游哉似的高姿態。雖然我也有些漫不經心，但既然不能平靜地看待自己與信仰間的幾個分歧，對於他們也就只能raging in the dark[1]……

雖然與雷恩對布萊克和葉慈的研究有直接關係，我一直深受葉慈身上明顯的猶太──基督教傾向，或說是外側傳統的宗教感情、心象和宇宙觀的影響。《燃燒的綠樹》也將這種影響表露無遺。

這樣，我以詩人們給我的啟發為中心，創作出了多部小說。不過這些作品全都是熱中於詩人、埋頭苦讀的結果。也許應該說那是一段幸福的經歷，但如果設身處地回想一下，湧上心頭的只是與幸福截然相反的痛苦的回憶……

我說過，如果問我在接觸到這些詩人時，是否想過把詩對我的種種啟發寫成小說，我的回答是從沒那樣想過。我總是像一葉緊急入港避難的小舟，躲避著人生不時襲來的風暴，將自己藏身於詩人的背後。

後來，當我把詩人給我的啟迪寫成小說之後，我覺得自己已經決心離開詩人為

1　葉慈〈選擇〉一詩中「在黑暗中憤怒」的原文。

我準備的避風港了。如果讓我模仿對我來說極為重要的詩人中野重治[3]的小說風格，那我不是已經以《離別之歌》為目標，把沉迷於布萊克或是葉慈的自我解放到散文世界了嗎？

## 五

在寫《燃燒的綠樹》第三部時，我有一種強烈的感覺，彷彿自己創作的小說將就此終結似的。同時，我還從讀書時側臥的長椅旁，倚牆的書架上，把向來位居中心的葉慈的詩集和研究他的書籍全都搬到了別的地方。

在這部三部曲發表之後沒多久，我去威爾斯旅行，在一個極其偶然的機會，接觸到前面提過的托馬斯的作品。我在臨海山崖上旅館簡樸的房間裡讀到托馬斯的詩集時，不禁仰天長嘆——太晚了！這慨嘆發自我的心底，我不知道在我可能已經所剩無幾的生命中，還有沒有時間充分去理解這位我才剛讀到的偉大詩人。

總之，那次旅行我找到完全佔據我晚年時光的一位詩人。對與我年紀相仿的這位詩人所寫的下面一節，我總是有切身的感觸。

跨過六十歲的年紀
還要繼續活下去，
支配語言的寓言。

這裡所表達的是我們總相信因著理解語言所作的作家總會活下去，但老詩人卻對此發出慨嘆。這首詩在我心中迴盪還有一個細微的原因，就是詩裡用了被譯為「繼續活下去」的outgrow。在我還很年輕的時候，我就在奧登的詩中讀過這個字，我甚至還把它引用在小說的題目中——〈教我們繼續瘋狂之道吧〉。

3　一九〇二—一九七九，日本小說家、詩人暨評論家，無產階級文學運動的中心人物之一。

我記得當時有個英國文學的研究者曾嘲笑說，outgrow這個詞太司空見慣了，可無論是奧登還是托馬斯都把它看成一個非常重要的詞。這樣的佐證對我來說，簡直是綽綽有餘了。

# 第五章——我長年以來追尋的方法

# 一

就讀新制中學的時候，我對事物的體系或是歸納某個整體的理論等等非常嚮往。當然並沒有什麼最具體的典型，應該說只是空想著那些東西消磨時光而已。因為我所生長的環境裡，完全沒有體系或是掌握整體的理論這類東西。甚至於我敢說，也許由於戰爭時期，滲透進天皇之國——與世界、宇宙徑直相連的國家——這樣的日本國民學校的教育有其相應的體系和掌握整體的理論，所以即使在戰爭結束，進入民主主義社會之後，也總是擔心一旦脫離了這種思維方式的根本，就會被世人所拋棄。

在學期初的數理課上，學校意外發給我們分訂成冊的教科書。在這五冊書中，包含了每一門科學領域的啟蒙內容——當然我也不認為它會展現那個領域的全部內容。撫摸著一冊冊的新書，我興奮異常，心中暗想要是自己逐一學下去，一定會對科學的整體有初步的瞭解。可是村裡的主祭——我們的理科老師，卻令人驚異地把每一冊書都單純化「掌握」，以完全不同於科學知識、科學思維的方法教導我們，就像讓我們讀那些知識零星、不正確的漫畫書一樣，這讓幼小的我深深失望……

即使在我理解到自己不適合學習理科而進入文學系開始創作小說以後，這樣的想法仍然存在。我依然認為——用現在的語言講——小說的方法論中一定有文學的體系和掌握整體的理論，同時也希望能學習這些理論。而且我也一直在做這方面的探索。

身為邁入文壇的新人，我有很多機會與和我同時起步的作家們進行對話和座談。那時我總是想知道我的新同儕們如何對待這個課題。可每當問起這個對我至關重要的問題時，這些與我同時代的優秀作家不是正面拒絕，就是顧左右而言他。其間，我在非文壇的場所，特別是在結識了音樂家武滿徹以後，發現了許多在各個領域獨力創造理論的朋友。建築家們更是如此，像磯崎新和原廣司都給了我許多嶄新而實際的啟迪。

## 二

雖然我的法語和法國文學是在教室中學來的，但我開始創作發表小說主要還是受到少年時期因興趣而閱讀的翻譯文學的影響。所以我所擁有的可說是存在於潛意識裡的文學背景，最初並沒經過什麼前輩作家的「指點」。不過，像我先前所寫的那些作品，可以說只是兒時讀過的所有小說和詩的「引用」。以創作小說為職業的意識，反而明顯地顯現出了各種各樣作家的影響。

那時，我也曾讀過加斯卡爾（Pierre Gascar）[1]和厄普代克（John Updike）的法語和英語原著，所以很多人批評我是機械式地模仿翻譯文章，我覺得是不正確的。當然，我確實受到他們早期作品的深厚影響。而且與其他日本作家，特別是從自己苦難的半生中走過來的二次大戰後的作家們相比，我連青春時期的存在意識都沒有確立就開始寫小說，總是感到不安和膽怯。這大概是負面影響的表現吧。

所以，我希望在自己的小說中，透過具體地一再重複方法上的反省來克服這種不安。我幻想過在中學的理科課堂上全面學習科學的體系。我還曾希望以同樣的方法學習文學，以及我現在所寫的**現代小說**。

閱讀各種文學全集可以對小說的總體有個全面的印象，也有文學原論一類的書。不過，至今我還沒發現有任何書籍是從結構分析的角度探討小說是用何種方法寫成的。以往，那些多半是不曾投注畢生精力去研究方法論的文學研究家和評論家們，大肆宣揚小說雖有方法但沒有方法論的駭人論調，現在的情況不還是一樣嗎？

閱讀的同時思考小說的方法，意識其方法來創作小說，即遵循方法論來閱讀、創作，即使將之名為方法論，在這個國家的文壇仍是不通用的。既然作家們不去追尋方法論，當然也就不可能有評論家來總結方法論，指引下一篇小說的創作方向了。

1　一九一六—一九九七，法國當代小說家、記者暨劇作家。

所以，我只能獨立研究自己堅信存在的小說的方法論。其最初的出發點，說白了，就是自己一直感覺到的幼稚而誠懇的問題。既然巴爾札克（Honor de Balzac）、杜思妥也夫斯基（Fyodor Dostoyevsky）這樣偉大的作家已經創作出造詣精深的小說，那麼自己為什麼還要寫呢？和我一樣苦思冥想的年輕人現在也會來問我同樣的問題。我覺得反問他下面這個問題，也許對他是個激勵——無數偉人都曾生活在這個世上，難道因此你就不想再活下去了嗎？

逐漸地，我關心的焦點轉移到了想像力的作用上。實際上學生時代的我所選定的畢業論文主題，就是在沙特小說中具體呈現的想像力論。不過，畢業後的幾年裡，我在沙特的引導下研究小說方法論的基礎——想像力——的過程中，找到了一個能夠使我透徹理解的新嚮導，那就是巴什拉爾（Gaston barchlard）。

巴什拉爾明確地定義想像力的作用在於重新改造感知形象。它使徘徊在感知形象之海的我，重新認識到自己想要創造形象的行為，也就是用自己的語言創作小說的理由。定義中當然也包括了對我的呼喚，呼喚我如何豐富多樣地感受自己偏向發展的既成的形象群，使我重新站在古典到二十世紀中葉的文學面前。

## 三

終於，幸運的事情發生了，我找到了自己長年在追尋的小說方法論。那是因著翻譯介紹俄羅斯形式主義的軌跡而開始進行的。與之並行的巴赫汀（Mikhail Bakhtin）的著作，特別是《拉伯雷和他的世界》（*Rebelais and His World*）的作用非常巨大。文化人類學家山口昌男的活動也很令人矚目，三者交相輝映，闖入了我的視野。

俄羅斯形式主義者的工作中，實際創作的人對於不得不面對的、只能各自獨立尋求解決方法的各式各樣問題，總是有像哥倫布豎蛋那樣格式化的地方。我曾經把下面引用的什克洛夫斯基（Viktor Shklovsky）有關明視與異化思維的一節，及同樣是本居宣長[2]所說的文章的實例展示出來。什克洛夫斯基對俄羅斯形式主義的關鍵性定義如下（現代思潮社版《俄羅斯形式主義論集》）：

所以為了尋回生活的感覺，感知**事物**，為了使石頭成為名副其實的石頭，就有了叫做藝術的東西。藝術的目的是認知，即不是去承認『它』，是去明視而使人感知**事物**。同時藝術表現的手法既是將事物從自動化的狀態中歸納出來的異化手法，又是創造難以感知的冗長晦澀形式的手法。這是因為藝術以感知的過程為目的，所以有必要延長這個過程。**藝術是體驗製作過程的方法，在藝術上，完成的作品不具有重要意義**。

藝術的異化原理，即便僅就小說而言，差不多所有想寫小說的人都應該有親身的感受。小說的讀者肯定也一樣。俄羅斯形式主義理論家用恰當的工具為我們樹立起異化觀念的優點在於，它不僅僅只停留在某個單詞和某篇文章所講的**事物**的實感。什克洛夫斯基告訴我們，從人物的異化乃至於小說這種體裁全體規模的異化，這套理論全都適用。

明視這個用語又使我們重新掌握了一些東西，一些我們以前只是隱約感到確實有那樣作用的東西。比如日本文化傳統中特有的俳句。為什麼芭蕉[3]、蕪村[4]會讓現代的我們都承認他們那單純的詩形式作品一直屹立在這個世界、這個宇宙的前端呢？這是因為借助俳句的語言，我們可以像看手中具體的**事物**一樣，看清這個世界，這個宇宙。

在森林山村國民學校運動場的文化電影放映會上，我看到銀幕上立在茂盛草叢中的櫻花樹枝不斷地顫動。那時我首先想到的是異化而成的膠捲上的櫻花。它使幼小的我清楚認識到櫻花。看著搖曳不定的櫻花樹枝出現在眼前，可我卻覺得那是不自然的東西而不予接受，這是因為我不能理解銀幕上的東西，也就是被異化的結

2 一七三〇—一八〇一，日本古典國學研究者暨神道教教義學者。
3 一六六四—一六九四，日本江戶時代早期著名的俳句詩人。
4 一七一六—一七八四，日本江戶時代中期的俳句詩人暨畫家。

果。

把眼中看到的東西當做異樣的東西、不能理解的東西而不予接受，這種內心的排斥感本身就是開始接受藝術作用的證據。儘管覺得自己不能接受，那個山村的孩子還是硬生生地體驗了新的視覺。現在櫻花二字給暮年方至的他帶來的視覺影像，仍然是那與暗淡的銀幕形成鮮明對比的、劇烈搖動著的、已從文化電影的故事情節中脫離出來的櫻花樹枝。那裡有明視的經驗。銀幕上的映像做為**事物**——櫻花——是真實存在的。同時，搖動我意識中的櫻花二字，語言被搖動的樣子，依然是做為對**事物**反應的明顯表現。即使如此，我的意識中仍充滿疑慮。

第二天清晨，跑下土坡的我，反而在異樣的銀幕影像的協助下，突然發現眼前的柿子樹枝正在不停地晃動著。如此一來，彷彿眼前的柿子樹，甚至由山谷眺望到的森林都已被異化，我似乎被迫得明視整個森林了。這是我第一次面對被藝術改變了的現實世界。

## 四

我一直在探尋創作小說的方法論。我發現由異化開始的俄羅斯形式主義理論，對於修改草稿的階段尤為有效。

剛開始寫小說的時候，不用說，我的作品從細微到整體肯定都存在著缺陷，可是我從不做修改。因為修改本身，對小說創作者而言，意味著要有從經驗和練習中磨練出來的技術。初稿的創作是自然發生的，但是修改它，絕非自然而然就可以完成的工作。

開始修改時，需要有勇氣正視自己寫出來的東西。這種感覺就像面對鏡中赤裸的自己一樣。正因如此，如果由別人來修改你的草稿，感覺就像是自己赤裸身體的一部分在被人撥來弄去一樣。先前曾提過我的處女詩被人修改的痛苦記憶，我在新制中學的校內報紙上寫過一篇以學生自治為主題的散文，社會科老師在文章結尾的開頭添上了「最後我認為」，看到如此這般印刷出來的鉛字時，我的憤怒至今不能忘懷。有這樣記憶的人應該不在少數吧？

修改，是自己給自己施加這種「暴力」。被改的自己，即剛剛寫完和草稿還血脈相通——更實際地來講，是血管相連——的自己，和主動修改的自己都需要勇氣。而且，修改還需要具備能夠客觀看待、批判自己筆下詞語和文章的態度。同時還要有能力具體地察覺出詞語、段落、文章、整體印象和寫作方法的薄弱環節，並迅速找到修改的方法——這兩者合併起來就是方法論性質的能力。

在修改的每一個階段，異化手法都是最有效的方法，它才是最基本的藝術手法。每次讀以前的作品，總是有一些地方很刺眼，對自己的用詞、段落、文章或是大段章節常有**不能置之不顧的**感覺，至少會覺得很不協調。於是開始揣摩品味，修改的工作於焉展開。

首先是名詞的誤用。然後是形容詞、形容句、形容段的運用不當，總覺得沒有貼近核心，便對它們進行修改，從我還很年輕時開始，每當我對這些形容詞、形容句、形容段的運用抱有不滿或歧義時，我就用堆砌辭藻的方法，努力追求更完美的表達。隨著年齡增長，身為一名小說家的我逐漸認識到：在找不到貼切的形容詞、形容句、形容段的情況下，放棄似是而非的形容後所留下的名詞，反而更符合現實。

在進行修改的時候，為了感知**事物**，為了使石頭成為名副其實的石頭，俄羅斯形式主義的藝術目的和作用很有用處。如果對某一段落感覺總有點兒不得要領，那麼這一段就一定要修改。因為如果置之不顧，就會變成小說以外的贅物。而且以這樣的出發點所做的修改，已然表明了應該如何處理的方向。然後就應不斷地修改，直到能讓人透徹理解為止。

小說的評論，有含混不清的、全憑感覺的、純個人性的、特殊直覺型但又具權威性的、狐假虎威式的、嫉妒型的、殘酷型的，等等等等，各式各樣，不勝枚舉。總之，對我作品較多的評價是不真實、概念性、缺乏存在感這類否定且麻利的字眼。不過，我當然不能用這樣的反問來回答他們：那麼你覺得在這些地方該怎樣表達才能既真實，又非概念性，還有存在感呢？

也就是說，對於這樣的批評，與其依賴評論家，倒不如來問問自己。我們可以問一問這部作品完全異化了沒。然後重讀作品。如果你手中那支修改的筆馬上就能動的話，你就是小說家了。

## 五

我曾經有過這樣的經歷，在某部長篇完成之後，一直被某種意識所困擾，覺得必須將這部小說整體異化，重新再寫一部才行。那是在出版《同時代的遊戲》數年後的事情。這部小說本來就是我全部小說中最難寫的一部。小說想要寫的主題很明確。幾個人物和情節梗概也早有計畫。我想用這部小說總結以前一直以來所寫的四國林中山谷的神話和歷史故事。那時，我結束了在墨西哥城的短暫教師生活，剛剛回國。這與小說本身沒有必然的聯繫，可我卻自顧自地希望盡量用剛剛獲得的經驗來寫這部小說。

當時的我非常熱中於為小說加上動機，即表現出該小說是如何創作的。同時我還把在現實世界中的生活、閱讀既定主題的叢書和創作小說看做是成為一個人的系列組合。也就是說，我想把這些融入到這部長篇作品。而且這部小說的具體題材非常多面。我寫這部小說時，正值我與前面提到過的文化人類學家和建築家、音樂家，以及哲學家、劇作家等極富魅力的同時代人物創立研究會的時期。受到同事的影響，我廣涉群書，如果要給我當時的書架做個總結的話，大概可以算是結構論性質的**知的**天地了吧。所有這些很快就融入了小說之中。

所以，著手工作的我寫了七個較長的中篇，這比實際收錄在《同時代的遊戲》中的要多出一篇，而且我努力想要把它們統一成一個整體。可是，我怎麼也找不到合適的手法。初稿完成後的工作，其難度無可比擬。

在經歷了長時間的徒勞努力之後，我終於找到了一個方法：我用故事的敘述者寫給其特殊思念對象——生活方式幾近古怪的妹妹——的信，把七個中篇統一了起來。基於這樣的動機，為了統一的目的，第一次修改時，在文章的開頭我是這樣敘述的。很少有評論家品評這部小說大概也是理所應當吧。

妹妹呀，有一項工作，我從懂事時開始，就一直想著要在自己生命的某個時候把它寫出來。我相信一旦開始動筆，就一定會用我所找到的寫作方法，毫不猶豫地寫下去。可是對於這項工作，我一直不知道該如何開始。我現在以寫信給妳的方式來開始。妹妹呀，我用別針把妳恥毛的彩色幻燈片別在妳那張穿著牛仔短褲和紅襯衫的衣襟兒繫在一起、露著小腹，撇開瀏海笑得開懷的照片上。再用圖釘把它們釘在我墨西哥城寓所的案頭，從那火焰般的恥毛中尋找著激勵。

就算是對多如牛毛的批評的總評吧，我能想像出這樣的評論聲音。評論家小林一雄直接給了我評價。我在高中一年級時開始接觸他的全集，這次偶然的閱讀使我把目光轉向了法國文學。我一點也不認為他的批評完全出於惡意。他說：「你認為那樣的小說會被評論家們接受嗎？如果是的話，你也太沒神經了吧？我只讀了兩頁就把它扔到一邊了！」我也不記得這部小說曾經受到過讀者們的歡迎。我只是努力地防衛，說這是我最重要的小說……

從那時起一直想恢復名譽的我，在六年之後，重又面對這部厚厚的小說。雖然受到評論家和讀者的冷淡待遇，對我自己來說，它還是非常重要的小說。可以就這樣任其為世人遺忘嗎？我的腦海裡想起了另一位俄羅斯形式主義代表艾肯鮑姆（Boris Eikhenbaum）的話。艾肯鮑姆論證了托爾斯泰總是將他**並非如此**的**暴露破壞力**隱藏在幾乎他所有的手法中，也就是徹底的異化使用手法。我是不是也應該對於這部小說的整體意識到**並非如此**，自己告訴自己那樣的寫法不行，嘗試對它進行實際地修改，在小說的整體中生動體現出**事物**的效果呢？

所以，我在和友人共同編輯出版的雜誌《海爾梅斯》上，開始動筆寫《M／T與森林裡的奇異故事》。既然要寫這部小說，我首先就不得不清楚地對《同時代的遊戲》說**並非如此**。於是我在動筆時首先對《同時代的遊戲》做了否定。因此，我把兒時森林中山谷裡祖母和母親講的、不是自己經由智慧訓練獲得的神話和歷史故事，原封不動地按照她們的口吻寫出來。至少我是立意要像作紀錄一樣，把我聽來的內容記下來。

「M／T，很久以來，這兩個字母的組合對我就有特殊的意義。思考某個人的一生，有必要畫一張草圖，不是由他誕生時開始，而是要追溯到很遠以前；也不是到他死時結束，而是要延續到更遠的將來。一個人來到這個世上，就不應該只局限於從生到死這段時間……我想在自己的那張草圖上，清楚地標上M／T的記號。人生的地圖上重複著各種各樣的地點。」

《同時代的遊戲》雖然只有俄語譯本——謹慎的猶太譯者刪去了他認為是評論史達林主義的部分——《M／T與森林裡奇異的故事》卻很快就被翻譯成法文和瑞典文，為我中期以後的作品在西歐的評價打下了基礎。在瑞典重要作家愛普斯馬克所作的諾貝爾獎評選委員會的評語中，這部小說和《萬延元年的足球隊》尤其受到重視。然而我還有一個野心。對於《M／T與森林裡奇異的故事》，要是能有評論家和讀者發出**並非如此**的異化呼聲，要求能返回到《同時代的遊戲》的話，該是多麼幸福啊……

與此同時我又重新想起，做為我最初出發點的短篇小說〈奇妙的工作〉，是以對遺失了的獨幕劇《野獸之聲》完全異化的方式創作出來的。

# 第六章

# ——引用的魅力

# 一

趁寫這篇文章的機會，我從初期的作品開始重新閱讀自己的小說，再次注意到一個事實，那就是從年輕時候開始我對於引用就有明顯的偏愛。我的文章中並不使用引號，但在《吶喊聲》的開頭，敘述者所陳述的內容是來自於沙特為描寫西班牙悲痛的市民戰爭的報告文學所寫的一段解說。這部小說剛剛發表的時候，在一個酒館裡遇見了比我年長很多的法國文學學者——我們那個時代的法語學生都曾嘲笑過此人婉約的沙特譯文——他對於這一部分嘮嘮叨叨，糾纏不休。我火上心頭真想教訓這傢伙一頓，他好像並沒有全醉，意識到如果再糾纏下去的危險，匆匆離席；我也倖免於得到一個酒後胡為的惡名。

《個人的體驗》一書也採用了各式各樣的引用，也許不該出自作者之口，但引用的確多得有些不可思議。在這部長篇之前我寫的一個短篇〈空中的怪物〉中，從電影《迷離世界》（*Harvey*）的兔子形象，到中原中也的詩，可以很清楚地看出我對引用的偏愛。

在《個人的體驗》一開頭，關於米其林汽車旅行者地圖有關非洲的部分，就已經引用了。另外還有新生小孩像阿波里耐（Guillaume Apollinaire）[1]那樣頭上纏繃帶的部分。接下來是摘自布萊克《天國和地獄的婚禮》（*The Marriage of Heaven and Hell*）中的一首詩和他對版畫的描寫。完成這篇小說的二十年後，我有好幾年都埋頭於布萊克的預言詩中。不過在此之前，我一直對介於高中時喜愛的布萊克短詩與預言詩之間的《天國和地獄的婚禮》愛不釋手。布萊克在日本的流行具有周期性，在比我早四分之一世紀的大岡昇平[2]和埴谷雄高[3]一代的作品中，可以看出年輕時

1　一八八〇—一九一八，法國未來派詩人。

2　一九〇九—一九八八，日本小說家暨文學評論家，是日本「戰後派」的代表作家，並致力於研究和翻譯斯丹達爾等法國作家的作品。

3　一九〇九—一九九七，日本小說家暨文學評論家，戰後文學社會派的代表人物。

布萊克熱所留下的深深烙印。不單單是短詩，但也不是對於整個預言詩，我分頭聽說他們對布萊克作品的閱讀大致都達到了《天國和地獄的婚禮》的程度。

此外，對海明威的小說《太陽照常升起》（*The Sun Also Rises*）中的電報，以及英文單詞「genuine」（真的）都以英文做了原封不動的引用。還有《馬克白》中的一節。同時還有他以前創作的小說內容的引用——以後還有更多地運用——對中篇《不滿足》的引用。此文中登場的人物將故事情節的過去和未來聯繫起來，起了出色的配角作用。

另外，我把與《個人的體驗》同時創作的長篇散文《廣島札記》中的內容，像照片底片一樣，展現在這篇小說的幾個場景中，這也可以算是引用的一種方式吧。我在廣島一作中迂迴的寫作方式，給予我暗示的，現在我雖不便直說出書的名字，但我想應該是塞利努現正執筆當中，以二戰末期的德國為背景、影射弗朗斯（Pierre Mendez-France）的撒哈拉沙漠核子試驗的最後的三部曲中的寫作方式。

在這部小說的最後，我還引用了儘管是保加利亞語，但卻無法表達的巴爾幹半島的方言「忍耐」。這個單詞如同一盞明燈，《個人的體驗》的創作結束，標誌著我的人生和小說開啟了一個新時期。

## 二

既然小說家的創作生活將永遠持續，那麼如何掌握長跑技巧就關係到整個創作生涯的成敗。一種類型是一開始就決心做短跑選手，不僅是其創作生命，就連整個一生都用衝刺來完成。我曾就日本近現代百餘年的文學史中具有代表性的短篇小說進行過評論，其中最具有絢爛奪目光彩的，正是這種短跑型作家留給我們的作品。他們當中大多數都早始早終——很多都是英年早逝。

長跑型創作之所以被認為是最幸福的類型，那是因為他們的人生在成為小說家之前有一段充分的準備期。像夏目漱石就專門作過文學研究，還有森鷗外，雖然現實社會中的職業不同於文學研究，但始終都在研究西歐文學。不過我們也應注意，夏目漱石和森鷗外充分展現其文學創作才能的時間都很短暫。

不過，多數小說家都起步較早。但是像湯馬斯・曼（Thomas Mann）那樣早早就以全才作家開始創作，在人生的黃金時期取得了巨大成就，晚年即便遭逢苦難也未曾輟筆不耕的作家，可謂鳳毛麟角。當然，有一點令人回味的是：有的時候人們更願意認為英年早逝的穆西爾比湯馬斯・曼更有天才。總之，對於多數起步較早的小說家來說，怎樣防止在創作上虎頭蛇尾，並且盡可能地延長創作生命，都是非常重要的課題。

在我的小說創作生涯中，給予我極大幫助的是渡邊一夫教授。他是我的大學恩師，並且在他生命結束之前一直不斷給我指導。已經記不清是在大學時還是畢業以後，但一定是在我寫《個人的體驗》之前，渡邊老師曾說過一段這樣的話：大眾傳媒的評價，或者說他們對你的態度，都是變化無常、不值得相信的。評論家也一樣，他們都是自視清高的人，更加不可信。你必須走你自己的路。我不懂如何創作小說，但我認為，比起心血來潮似的閱讀，花上三年左右的時間去閱讀某個詩人、作家或思想家的作品，並且一輩子堅持下去，至少不會百無聊賴地虛度光陰吧。

從那時起，我就把這段話當作人生的準則，每三年閱讀固定作家的作品成為我生活的支柱。這樣的閱讀將我很小就從大眾傳媒所報導的頹廢中挽救出來，也為我新的小說創作提供了啟迪。最明顯的例子就是大量引用布萊克作品所創作的《新人啊，醒來吧！》。

這部合著的開始將我在三年集中閱讀臨近結束，如何轉換閱讀物件的報告，作為實例加以引用。我在研究布萊克之前，花了三年時間閱讀對勞瑞（Malcolm Lowry）和研究他的相關文章。於是想在新的合著的開篇引用拉烏利，對過去的三年做個總結。也就是，將焦點放在以下一節所象徵的勞瑞的一個側面，我所接觸到的是一個曾患有酒精依存症的《在火山下》（*Under the Volcano*）的作者。

> 我充滿了罪惡，所以無法從各種錯誤的思想中逃脫出來。但是，如果把這個工作當成一項偉大而且美好的事業來做的話，我真的願意聽從您的召喚。如果

我屢屢主題不明確，樂音不和諧而不能表達時，請您幫助我整理得有條有理，

or I am lost[4]……

對於我來說，與這一節產生共鳴的是布萊克的《天真之歌》，藉由對它的引用我不斷展開，這也是我開始閱讀布萊克作品的標誌。在這篇合著中，我將作品中的么義和我先天殘疾的長子光的話語，都用粗體字——翻譯的時候應該使用斜體字——作了引用。兩者相輔相成，不僅僅是對於合著中的文章本身，也決定了整個作品的文體。

——啊——不要緊吧？真是雙好腳呀！真是雙了不起的腳呀！

做為大量引用布萊克作品的範例，我已經寫過在駒場校區圖書館的那段體驗，我並不知道這首預言詩的全部，就像僅僅偷看了一頁那樣，把印象最深的部分抄寫

下來。我將英文原詩交織在文中，意在增加日語文章多樣性的色彩。

「人必勞其筋骨，悲其心志，學而後忘，而後歸之。That Man should Labour & sorrow, & learn & forget，勞苦與悲痛並非對立項，是人生的兩個側面，這是不到二十歲的我從父親死後母親的勞動中所感悟到的。同時我覺得下面的詩極其準確地預言了我的將來。」

我覺得將布萊克用詞的習慣也原封不動地引入日語字面中，似乎能發揮更好的效果。上文中引用的Labour的L，在廣泛流傳的凱因斯（Geoffrey Keynes）版本中為大寫，而在作了詳細且嶄新注釋的艾德曼版中卻是小寫。所以也許沒有必要用大寫來引用，但布萊克在細微之處的這種誇張用詞法仍是很有意思的。有了這樣的經驗，為了在布萊克的原版中得到證實，我開始在舊書店中尋找對我來說很昂貴的特里安農出版社（Trianoa Press）的影印版本。

4　意為：或我迷失了。

這部合著不僅引用了布萊克的文章，而且還引用了不同作者各式各樣的文章——甚至包括我自己的評論。當然這些內容都是作品鋪陳時所必須的。這些文章與布萊克的譯文，或是我的小說文章風格各不相同，因此為整篇作品的文體多樣性提供了幫助。

比方渡邊一夫的隨筆：

有人說，不「瘋狂」就成就不了大事業。這完全是謊言。由「瘋狂」成就的事業，必將伴隨著荒廢和犧牲。

我自己的評論：

對於多數自衛隊觀眾來說，由事先預想電視新聞的煽動性演講開始直到剖腹自殺的身體表演，是戰後精心炮製的政治洋相。

井筒俊彥翻譯的《古蘭經》：

（那個孩子）到了可以到處走來走去的年紀時，「我的孩子，我夢見了你被屠殺的情景。你是怎麼想的？」聽了這話孩子答道：「父親，請按照（神的）旨意辦事。如果是阿拉的意願，我一定會不折不扣地去做。」

宇佐見英治翻譯的巴什拉爾作品：

直至現在，人們仍認為想像力具有形成映像的能力。事實上，想像力是由知覺所提供的扭曲映像的能力，特別是將我們從基本的映像中解放出來，去改變映像的能力。

同時我還引用了幾篇自己的小說包括文體各不相同的《擺脫危機者的調查

書》、《同時代的遊戲》、《傾聽「雨樹」的女人們》。最後那篇作品，由於武滿徹說過他曾引用這部合著開始的作品創作其音樂，所以也凸顯了引用效果的二重性。我甚至還引用了上原敬二《樹木大圖解》中關於「雨樹」的記述。

最後合著《新人啊，醒來吧》以特里安農出版社的《耶路撒冷》（*Jerusalem: The Emanation of the Great Albion*）中貼在「生命樹」上的耶穌像和《米爾頓》（*Milton: A Poem*）序言的引用結尾。

> Rouse up, O,Young Men of the New Age! set your foreheads against the ignorant Hirelings! 覺醒吧，哦，新時代的青年們！直接面對那無知的傭兵們！因為在軍營、在法庭、在大學裡總有這些傭兵。他們總是竭力壓制理性的戰鬥，一味地追求肉搏戰。我所想像的布萊克式的青年們——在可惡的核武擴張新時代，更要直接面對傭兵的青年們——我也感覺到在他們旁邊還有一個年輕人，一個再生的我和他們站在一起。「生命樹」所發出的對全人類的鼓勵，好像也已發生

在行將遲暮、不得不忍受死亡苦難的我自己身上。「不要膽怯，阿爾比恩，沒有我的死，就不會有你的生／不過我一旦死去，將會和你同時獲得重生。」

## 三

我也仔細地想過，為什麼會在《新人啊，醒來吧》中使用這麼多的引用？從主題上講，我和光共同生活了二十年，第一次想透過小說去直視這些歲月。從帶著頭部畸形誕生到二十歲的今天，光雖然無法用語言表達，但他極其努力表現出對自立的渴求。將此做為主軸，就需要有與之對應的另一條主軸來支撐小說整體的平衡。正因如此，我開始閱讀布萊克的作品。也許更應該說，在不斷閱讀布萊克作品的三年中，另一條主軸有感而發，從而產生了創作和光共同生活的小說的念頭。

倒不是說，將光的故事放在中心，而把汲自布萊克作品的東西做為副主題來襯托。兩者是結構上相輔相成的兩條主軸。在閱讀布萊克的作品時，我借鑑了艾德曼強調社會思潮、政治態度的閱讀方法，從而由社會的角度辨析了光的存在。並且在這部合集中將包括光在內的我的家庭與社會間的摩擦和牴觸當成短篇的主題，以此做為翻譯引用布萊克作品的方向。

尤其是我對艾德曼有關浪漫主義社會脈絡的探究印象很深，對布萊克的預言詩《美國》的翻譯引用我完全受到了他的影響。艾德曼認為布萊克把美國獨立宣言的每一項思想都用詩的語言和比喻重新表現出來。他運用豐富的想像，把將實現這些思想當做自己的權利和義務的人們推翻壓迫後的情景呈現出來。「明朗的夜空中，美麗的月亮露出微笑／因為帝國已經不復存在，獅子和狼結束了戰鬥。」

另一方面，受到與艾德曼相對立的詩人雷恩對布萊克植根於新柏拉圖式的神祕思想評價的影響，我描寫了一個我死後的靈魂藉由兒子重生的故事。如同直接得到了雷恩的指示，我從布萊克的作品中翻譯引用了下面一段：

想像的世界是永存的世界。那是我們像植物一樣的肉體逝去後全都要去的、神的懷抱。想像的世界是無限的，永恆的；而生殖或者說繁殖的世界只是有限的，一時的。我們在自然植物之鏡中看到的，一切事物的永久真實性存在於那永恆的世界。所有事物都存在於救世主神的肉體中，藉助其永恆的形式為人們所理解。救世主，真正永恆的葡萄樹，人的想像力，如同在我身上確立永恆一般，是根據聖人們的判斷，丟棄一時的東西而顯現出來的。

其中布萊克的神祕思想深深地吸引著我，我不僅在這部合著中進行了引用，更延伸到《新人啊，醒來吧》中。在這之後，我將下一個讀書對象鎖定為但丁，然後是葉慈。十多年後，受但丁啟發，我創作了《給懷念青春年華的信》；在葉慈的鼓舞下，完成了《燃燒的綠樹》。

# 四

為豐富小說的語言、文章和可以稱做形成作品整體的各種文體的多樣性，應當積極地運用「引用」——如果透過以上所舉的我的小說加以印證的話，相信會為廣大讀者所接受。此外，我還想就這樣關於運用引用來創作的小說家的內心，寫一點我自己感覺到的寶貴經驗。

以《給懷念青春年華的信》為例，這部長篇的主人公阿濟哥，在閱讀山川丙三翻譯的《神曲》時，大概與原文做了十分詳盡的對照。同時，還以閱讀英文原典來研究但丁的文章，做為他在四國深谷密林中小村生活的精神支柱。一方面，在行動上，他想用自己的住屋和周圍的場所來教育附近的年輕人新的生活模式。不過，由於某個犯罪事件而最終流產，雖然那差不多是個意外事故。算上在獄中度過的幾年，在阿濟哥的生活中，閱讀但丁的作品始終佔據著不可動搖的地位。

本來，阿濟哥並沒想過以但丁研究家的身分嘗試進行新的翻譯，或是撰寫研究論文，也不想在大學講課，或組織研究會。阿濟哥對但丁研究成果的發表，只是透過面對面的交談，或是書信往來，講述給相當於他學生的朋友——這部小說的敘述者——「我」而已。在這部小說中，「我」對在談話和書信中表現得非常明顯的阿濟哥引用癖，做了事先說明。

阿濟哥有一個毛病，無關緊要的信件也不刪減。直接引用對方的文章，寫道：……

在這樣的假設下，又有阿濟哥及與之呼應的「我」的對引用的偏愛，小說鋪展的過程中，大量出現了對但丁和研究但丁文章的引用。也可以說，小說敘述了除了引用之外無法充分展示其內心的阿濟哥的生活方式和思維方式。所以引用的第二必然性就顯而易見了。

對於小說的主體文章而言，引用的文章與之具有相輔相成的關係。在引用文章的烘托下，主體文章不斷向縱深發展。阿濟哥的生活以閱讀但丁的作品為支柱。與其說現實生活與閱讀但丁的生活是等值的，不如說後者的比重更大，因為它可以自由地侵蝕前者。引用但丁對現實生活起了一定的作用。小說如同實況轉播一樣地展開。於是，對但丁的引用就發揮了一種特權式的作用。

阿濟哥即使在癌症手術之後，意識到來日不多，仍然談論著但丁。那是他藉助但丁來講述他如何徘徊在生死邊緣的活生生的報告。阿濟哥講他從但丁學家弗里切羅的論文中，領悟到了「地獄」、「淨火」、「天堂」——這些詞引自山川的譯文——各自間的差異。經歷過地獄的人在現實世界中會用同一種方法來觀察事物；在煉獄中，巡禮者透過「心之戲劇」擴展想像；在天國中，文字記述確實存在，其盡頭有一個蘊含著如下面這句話一般的世界——「就在撼動日月星辰的愛裡。」

阿濟哥一邊給敘述者講解，一邊說出昨天打了止痛點滴後熟睡中的夢，「我有一種茅塞頓開的感覺，Paradiso（天國）的話的確是實質，並非代替其他事物表達，其本身就是詩的實質。」

他接著說：「我夢見的並不是Paradiso，而是一個窪地裡的人工湖的夢。水滿滿的，上面泛著輕舟。船是先前就準備好的……夢中我乘上了小船，在我的示意下，堰堤被爆破。下游的反對派渾身戰慄。接著，和黑黑的河水一起，我也變成了洪水噴湧而出。那漆黑筆直的水線就是自己人生的實質，是對世界上所有人的批判。與愛完全相反……這樣想著，覺得理解了一切，就此從夢中蘇醒過來……雖說醒來後，那明確的意義本身，又逐漸變得模糊不清了。」

在此儘管沒有直接引用《神曲》，但可以說阿濟哥的想法本身是由但丁的引用形成的。藉著將內心世界深藏在但丁的引用中，阿濟哥自覺已透徹理解了自己的人生。而這理解又成為他人生末期的行動準則。實際上，阿濟哥是真的能在滂沱的雨夜炸開堰堤，化作滾滾洪水如箭般直射出去的。

# 五

如果有人問我，將阿濟哥和小說的敘述者「我」融為一體是否就是這部長篇作者的我，我無法單純否定。實際上，我的一生也和阿濟哥一樣，認為引用能夠替代很多經歷過的細節，將讀書當做人生重要的大事。

所以，如果為了總結我今後的人生而描繪我以往的人生的話，那就要徹底化成一具精巧的百寶箱，裡面裝滿了引用，還有引用中的引用。

語言本來是別人的東西——如果這樣說過於偏激，那麼至少可以說是與別人共有的東西。如果不考慮語言的共有性，也就無法了解索緒爾所講的意義的語言，更不存在每個人具體語言的運用。幼兒們說話，用的是他們剛剛學到的——剛從別人那裡借來的——詞語。我們講話只不過是在這些詞語中加上更深的意義，並沒有本質上的不同。從這個意義上說，所有的詩和小說都是運用與他人共有的語言——即引用——創作出來的。

我仍然覺得從年少時開始我的文學生活之初，便將引用視為重要方法是正確的。當然，這樣的想法很多人已經知道了，我這樣寫應該也只是無意識的引用罷了。

# 第七章 —— 森林節日的笑聲

## 一

仔細回憶一下孩提時代的生活，我發現和同時代大城市的孩子相比，我們接觸到的公眾教育環境是不同的。博物館、美術館這樣的地方，不乘車花上一天的時間是去不成的；看戲或是聽音樂會也一樣。我的感覺只是山谷中的小戲館給我類似的經驗。馬戲？記不清兒時是怎樣的感覺，只是模模糊糊地好像有尖帽般的帳篷和從未見過的動物等難看的影像。戰爭期間，只有一次在小戲館舉行演出，唯一的明星袋鼠逃到了馬路上，一個和袋鼠一般高的瘦男人在拚命地追趕，這就是我所看過的唯一一次類似馬戲的例子。那時村裡連圖書館都沒有！

如此說來，我沒受過教育嗎？恰恰相反，從高處的森林到流經谷底的溪水，到處都充滿了對孩子智慧、感性以及心靈進行教育的多重呼喚。倒不如說，鍛鍊我孱弱肉體的時間是不夠的。這樣看來在兒童教育中，也許只有體育比較依賴於部門和制度，雖然孩子們都各有其個性。

兒時的我印象最深的一件事是村裡發生的縊死事件。這事件對我有些教育意義。是在什麼季節呢？記得是在谷底山腳，有一點點貧瘠的耕地，只有視野還算廣闊，不過也不記得有色彩繽紛的紅葉，大概是在秋末冬初或者嫩草將榮的早春吧。

儘管那是我時常在路上遇見的人，但是聽到他的死訊卻毫無感覺，甚至沒想過要偷聽一下周遭大人們遮遮掩掩的談論那人的來歷。說起來，大概是一個四十歲左右谷底村子裡無足輕重的小男人。可是當這樣一個微不足道的男人上吊的消息一傳開，山谷的部落裡卻立刻有了一種不尋常的節日般的氣氛。街道旁出現了少見的熙攘人群。好像是在一個星期日的早晨，我也加入了參觀的人群。

地點在密樹環繞的神社向西下坡，稀疏的林中，人跡罕至的祠堂後面，古梅樹上吊著一個男人。我對那地點的印象就是淒涼，那是一個荒涼得讓任何人都會忘記有人自縊的陰晦地方……

可是真的有人上吊，這盛世奇景不僅使谷底部落的人精神振奮，甚至連山谷中部落「在」的住民也為之抖擻起來。在人們激動的目光中，那個男人依然搖搖欲墜地掛在枝頭，因為在去聯絡鄰鎮的警察並從警察局帶來負責人之前，他是不會被放下來的。

我精明的小弟從人群縫中一直鑽到最前面，撞到了那人身上。那人搖了搖，又筆直地靜止了。我忽然有了一個重大發現，直到今天我仍記得：那自縊的人豎直地懸在空中，豎直地懸在這個世界上，就像一個測量的秤砣……

於是，我幼小的心靈產生一種不可名狀的理解。谷底和「在」來了那麼多激動的觀眾，一定是因為縊死的人會垂直地懸在空中，而且真的是那麼的筆直！我不禁要笑出來了。然而實際上，我周圍人們的臉上只是表情嚴肅、一片漠然……

觀光的人群和縊死的男人使我對生與死有了如此具體的認識。不只是這次經歷，森林山谷中的兒時生活也經常為我提供這樣的自我教育機會。而且祖母和媽媽經常用如歌的、同樣奇怪的語調給我講述森林中的童話和歷史故事，現在的我更真切地感受到這些對我的教育同樣產生了重要影響。

# 二

有一類事情經常能在研究者的評傳中看到，但在作家本身的自傳或是回憶文章中卻很少提及。其中之一就是很少有人坦白是為了寫出自己寶貴的少年往事，而決心成為小說家的。為什麼旁人看來一目了然的事情，作家本身卻有意迴避呢？

其實以我本身來講，雖然覺得年少時期的往事對我走上小說家的道路極其重要，可我也並沒有把它寫成文章。

幼年時還有一個難忘的回憶。記得當時還被母親抱在懷裡，所以應該是還不到三歲的時候。路旁的醫院要搬家。醫生家和我差不多大的孩子有一輛三輪車和一輛腳踏車。醫生的妻子要我選一輛喜歡的送給我。不用說當然是馬口鐵造的腳踏車要好一點兒。雖然心裡這樣想，可嘴上卻回答說要三輪車；連自己都驚訝於自己的回答，只能懊悔地把臉埋在母親的衣襟裡。

六歲的時候，下游鎮上一個從未見過的男人拚命跑來告訴大家，太平洋戰爭爆發了。父親聽後一言不發，母親在旁邊遞上一杯盂蘭盆清酒，那男人一飲而盡，又要了一杯，接著在門廊的台階上倒頭便睡。然後戰爭結束，幾乎令人不敢置信，戰敗那天，收音機中傳出天皇宣布投降的聲音……

正如我所寫的，和這些現實的事情一樣，從奧福的農民起義到祖母和母親講述的森林小世界的傳說，都給了我濃重的現實感。此外，生我養我的森林小河，以及生活圈中的風土人情，也形成了我幼少時期夢想的堅實的現實性。

雖然如此，我在這樣的狀況中生活，卻從未想過要把這些寫下來。的確，我寫過小詩「雨滴」，上學時和周圍的孩子一樣寫作文。不過，尤其是作文，寫的並非我剛才所說的自己最切實的記憶和經歷，而是其他的東西。我記不起自己曾將聽來的傳說寫進作文裡去。對於村裡的孩子們來說，中小學老師所教的作文只不過是為了訓練「公共語言」。比起語法的錯誤、單詞的遺忘，夾雜「個人語言」的方言會受到更嚴厲的斥責。祖母和母親的故事正是完完全全的「個人語言」，我只和夥伴們半開玩笑地講過，從來沒想過要寫成文章什麼的。

即使現在，我也只把它當做笑話講給朋友和熟人聽，否則總覺得心裡有些彆扭。這也許就是我對童年時代「個人語言」表達的留戀。由於我不習慣寫文章的「公共語言」，所以從未想過試著把我在山谷森林中的經歷寫下來。

## 三

考入東京大學以後，我的生活有了重大轉機。大學中的醒悟，使得這次轉機為我得來不易的今天播下了堅實的種子。我最初之所以考入東京大學法國文學系，完全是由於我希望能夠師承渡邊一夫教授。唯一的動機就是高二那年夏天閱讀到一本岩波新書《法國文藝復興斷章》，從此開始閱讀渡邊一夫的散文集。不過說我希望能成為一名法國文學研究家倒也未必；因為我給自己診斷：並沒有成為專業研究人員的基礎。

可以說，我是為了尋求心靈的喜悅而來到渡邊教授的課堂上的。別說成為研究家，就是高中教師或新聞報導那樣的職業，我想我也是不適合的。也就是說，只要我還在法國文學系學習，我的就業前途就是一片渺茫。那時我開始寫小說賺取一點兒生活費，就業的問題也就沒顯得那麼緊迫，可是實際上，我認為自己的作家之路一片渺茫的想法卻沒有改變。

不管怎樣，能成為一名法國文學專業的學生我還是滿懷喜悅，在校期間我一直在讀渡邊一夫翻譯的《巨人傳》（*Pantagruel*）（白水社）。有人也許會奇怪為什麼不讀原文呢？可是即使按照現代法語的翻譯方法去閱讀原文，任何人都會同意拉伯雷（François Rebelais）的文章並非學生能夠應付的。

但渡邊一夫翻譯的《巨人傳》的確深深吸引了我。而且在我開始寫小說之前和以後，我一直都認為它和用日文寫成的小說是兩種不同的東西。不過現在回顧一下我初期的作品，儘管很少，可我還是不自覺地受到它的影響。就這樣，過了很長的一段時間。

其間，我在開始與俄羅斯形式主義理論家一起工作的前後，發現了巴赫汀的《拉伯雷和他的世界》。這時我才真正地意識到渡邊一夫翻譯的《巨人傳》和我的小說，以及今後將要寫的小說——特別是後者——之間根本性的聯繫。這種聯繫所迸發的火花，將隱含在山谷叢林往事及祖母和母親的神話和歷史故事中的意義照得通亮。

連垂直懸掛在神社密林旁，樹木稀疏陰晦的窪地裡，那自縊的男人，也即將在我今後的小說中登場……

## 四

巴赫汀被稱為荒誕現實主義，其基本思想簡單說來，就是他自己定義的**民衆的笑文化形象系統**。那一天，在只有秋祭時人們才會湧滿街頭的村裡，從山谷的家中，從部落「在」來了那麼多的人。甚至還聽說有人從下游的鎮子趕了過來。

那家有座大酒窖的酒坊——奧福起義農民從村裡出發以前，襲擊了這裡以便壯大聲勢——旁邊的圓石路，是從村裡到達能夠放眼看到懸掛著上吊男人的駐有山神的林子旁窪地的近路。戰爭頭一年還晾著釀酒大缸的小廣場、神社下坡的草原，到處都能見到聚集的人群……

那氣氛毫不亞於秋祭，好像這裡的每一個人都想要參加，用巴赫汀的話說就是全民的節日性的氣氛使我興奮。只不過，節日的參加者們注視的不是戲劇和舞蹈，而是陰晦至極的東西。可是縊死的男人被孩子撞得晃動起來的時候，氣氛一下子又熱了起來。

確切的節日性並不是因巴赫汀的話所產生的，而是山谷林中孩子們所感受到的。不過有了巴赫汀荒誕現實主義的解說，我才完完全全透徹地理解了幼時我所感受到的意義。我覺得吊著的人很滑稽。儘管他活著的時候也不是什麼大人物，他的行為還是讓人覺得卑下。同時暴露出的正是人的肉體。我注視著樹枝上鉛錘般直垂下來的身體，那條垂直的線彷彿代表著一條從山谷田地的地面升向森林、天空，進而是遙遠宇宙的通道。

不過從這個縊死的男人身上，我也沒能完全讀懂荒誕現實主義的形象系統中更重要的具有兩面價值性的東西。只是那吊在枝頭的滑稽肉體，將孩子們從死的禁忌中解放了出來。雖然我並沒能像一頭撞在屍體上的弟弟那樣徹底擺脫了對死的畏懼，但對於祖母講的山谷中死去的靈魂會升上森林的故事，與毫無興趣的弟弟不同，我會將它生動地再現出來。

祖母講，山谷中死者的靈魂會滴溜溜地畫著曲線盤旋上升到高處，然後選定林中高處的一棵樹，隱藏在下面。在那裡停留一段時間以後，靈魂又會向下畫著螺旋曲線降落到谷底。然後在嬰兒降生前的瞬間，鑽入他的體內，變成一個新的生命。這樣靈魂總是在山谷和叢林間走來走去，自己也就不會為擔心死而煩惱了……

在這之前我總覺得這樣的故事是那些喝著港灣紅酒、臉上泛著怪怪玫瑰色、乖僻的老太婆的玩笑。可是望著自縊男人垂直懸掛的身體，自己也被周圍人們興奮的情緒所感染，感覺好像故事的一切都自然而然的明瞭了。以自縊男人的垂線為軸心，盤旋而上的靈魂。這樣想著，向森林的高處放眼望去，好像到處都是靈魂可以隱藏的樹木……

而且，如果從那裡畫著螺旋曲線由空而降的靈魂會投胎到山谷人家新生的小生命中的話，還有什麼必要為自縊男人感到悲痛呢？眼前聚集的秋祭一樣興奮的人們，正是想像著歸來的靈魂滑空而過，所以才群情激盪地來目送自縊男人體內靈魂升天的吧？

## 五

我認為更重要的是邊緣性。它和巴赫汀的荒誕現實主義的形象系統理論直接相關，成為我小說力量的泉源。我在開始研究俄羅斯形式主義及巴赫汀的同時，也注意到在我國積極開展評論活動的人類文化學者山口昌男的理論。

邊緣性，是我人生中具有決定意義的條件。從地理角度講，這是非常明顯的。

不僅於此，從時代的關聯上講，就更是顯而易見。我升入國民學校那一年，太平洋戰爭爆發。這對於我和邊緣性來講意味著什麼呢？

日本做為一個世界周邊的小國，隱藏在歐美中心文化圈之外難以想像的角落中。有一段相當長的歷史，曾受到東洋中心——中國文化——的影響。中期，在外力壓迫下開始近代化的同時，擺脫了亞洲的停滯，投身於西歐的急流中，進而引發了激烈的運動，開始對中國及亞洲各國進行帝國主義侵略。此外，其近代化中爆發的各種矛盾，又在與歐美的戰爭中充分顯現出來。

我是在這個世界周邊國家的極度邊緣地區長大的孩子。本來我心中對大日本帝國並沒有上述那樣的輪廓，我自己是在這個國家的邊緣，絕對邊緣性的狀態下生長的孩子，也都沒有起碼的認識。這其中涉及非常複雜的內容，我暫且回憶一下那時自己的實際情況。

我在國民學校二、三年級時曾經寫過作文。那是森林和田野裡嫩芽初放的季節。幼小的我想要從宇宙的高度來理解自己生活的環境，那是因為我已經零零星星地閱讀了一些可能未必適合兒童的科學啟蒙書籍。專門為兒童編寫的科學、地理或歷史叢書大都採用城市化的語言，也就是東京的中心語言，就連宮澤賢治也是如此，對我來說距離遙遠。

這個地球的、大日本帝國的……腦中被灌滿國家主義的小學生們有這樣的想法也是很自然的。因為他們覺得能在那裡生活很幸運，所以把成長過程中油然而生的感情書於筆端。但接著我卻又將有些怪異的喜悅心理詳細地記述了下來。我能夠在四國愛媛縣喜多郡大瀨村甲納爾出生是多麼的幸福啊！從文章的銜接情形看，彷彿宇宙的中心就在自己生長的山谷叢林中！雖然西部邊緣出身的文學家喬哀思（James Joyce）也曾這樣做過……

不過還有一件事使典型的國民學校學生的我，對這樣的認識產生了後悔。前面已經寫過，祖母和母親講述的傳統神話和歷史故事形成了我連接宇宙的獨特道路。所以我對於——天皇陛下就是神——將宇宙和天皇連成一線的國家宗教觀很不容易接受。兩者之間我無所適從。

我在《M／T與森林裡奇異的故事》的開頭，對此做了回憶。不過這裡所說的作文是指在教室書桌上完成交給老師的東西。所以我把這種無所適從面向公眾方向來解決。假想宇宙、大日本帝國和山谷森林是媒介存在的關係。

——皇后陛下和我們在一起！

這種心理是戰爭時期國家主義教育訓練所造就的，渴望被絕對天皇制的中心直接同化吸收的周邊心理。不過，雖然我還很小，也覺得那不太可能。因為自然中有植根於山谷森林的祖母和母親講述的這塊土地的傳統。眼前的奧福就是一個用竹槍武裝森林民眾、奮勇抗擊中央政府賦予郡的最高權力的男子漢。

## 六

戰後的民主教育給了我根本性的解放感，是因為有如上的背景。戰爭失敗，天皇神的光環已蕩然無存。皇后陛下和我們在一起——這樣的幻想當然也雲消霧散了。或者說，我有重新與奧福共存的幻想。這樣的幻想將我從必須把自己生長的周邊與中心緊密相連否則就是不可救藥的迫切心情中解脫出來；使我坦然接受了自己的周邊豐富性。

那些都是我十歲到十四、五歲之間，在山谷森林中的現實生活。待我一進入地方城市的高中、東京大學，很快就開始寫小說，這時才開始有意識地觸及關於周邊和中心的命題。

巴赫汀在說明他的荒誕現實主義的形象系統時，特別強調存在著死亡、誕生、成長、產生這樣的變化前進過程。這些正是我在山谷森林生活中所感受到的，其周邊之周邊的地方即將發生和正在發生的事情；在森林的高處，村落邊緣河畔發生和容易發生的事情。那裡還真實地共存著巴赫汀所說的新事物和舊事物、死去的和出生的、變化的開始和終結；或者，至少是以一連串的形式在周邊性地方發生的事情，孕育著所有不平衡的意義。

接觸到巴赫汀對這些事的理論概述之後，我終於明白為什麼《巨人傳》和杜思妥也夫斯基的作品會那樣震撼我的內心，令人驚異地印證了山谷森林孩子的經驗。我始終認為，是我的內心將那些發現具體地孕育成長，再以小說的形式去驗證它的。我在接觸到巴赫汀和山口昌男的理論以前，曾寫過《萬延元年的足球隊》一書，正因如此，從他們的理論中我得到了深刻的啟迪。

在我本應是非常幸福的童年，卻為至今仍未完全擺脫的失眠症初期症狀所困擾，我開始產生了對死亡的恐懼。黑暗中我躺在被子上，聽到座鐘深夜的報時，對上次報時起過去的時間，和下次報時前更長的時間感到毛骨悚然。現在我所經歷的時間之長的煎熬，與那種過個幾十年就會死掉的時間之短的難耐是明顯矛盾的。不過，我對短暫人生之後，自己死後時間之漫長難耐感到更加的恐懼。

然而祖母和母親所講的，死亡和再生像咬尾的蛇一樣相互銜接的傳統故事，給了不堪畏懼之苦的我極大的鼓舞。白天有時我會隨意地把這些傳說看成是不科學或在山谷以外根本行不通的；可是每當深夜來臨，我又總是尋求它的援助。我所創作的所有文學作品中的原型，也許都深藏在黑暗中尋求救助時拚命的想像之中。

# 第八章——作爲虛構裝置的我

# 一

在我讀了湯馬斯・曼的《日記》（紀伊國屋書店，一九三三─一九三四年卷）時，不可名狀的中篇故事浮現在眼前。那一年，曼為了準備著名的瓦格納講演出訪國外，從此就不得不開始了長久的流亡生活。故事的中心是一個特別的小旅行箱，曼擔心會被當局從自己慕尼黑的家中沒收。

四月三十日的記述中清楚地表明，離開德國不久，曼就開始擔心一旦他一生的祕密被曝光，自己就會受到致命的傷害。結果，五月二十日曼確切地知道他已經得到了那個小旅行箱和日記以後，心裡的石頭總算落了地。可是其後的一年間，曼卻自己揭示出小旅行箱中日記的內容。

八月，曼於一九二七年在療養地結識的一位教授突然來訪。曼深深地愛上了教授當時十七歲的兒子庫拉烏斯（Klaus）。九月，有消息說，庫拉烏斯有可能會來曼的所在地。「要是能在這兒見面，真的會成為奇妙的邂逅吧；但也許，還是不見面更好。用人性的尺度來衡量的話，那是我最後——也是最高的激情。」

又過了四個多月，再次重溫小旅行箱中日記的曼這樣寫到。那是庫拉烏斯來他家做客，和曼去庫拉烏斯家時的日記。「我印象最深的是在心中洋溢著幸福實現的喜悅的同時，回憶最初的體驗，即A・M和其後幾個心儀的對象，發現對所有人的愛都包容在那終於實現的出乎意料的幸福中，在這最後的幸福中得到實現、安慰和補償。」這裡的A・M是指托尼・克雷格想像中深愛的少年的雛型人物。

這樣的回憶有很多，若再一個做為補充，也就是上文引用記述的十天後，曼去看電影時的感想。「還有，昨天又看到了，對我來說，德國電影的價值在於能看到外國電影中難得一見的東西，即年輕的肉體——特別是男性的裸體——這給了我快樂。」

儘管他的日記在生前多半不會被公開，可是曼卻不能不重新記述那曾讓自己擔驚受怕會身敗名裂的日記內容。小說家就是這樣，他們不能不心驚膽戰地把自己的祕密講出來；而且，一旦開始，他們就會千方百計地厚著臉皮講個沒完。

從讀者的角度來說，雖然是得借助於文章，但對那些講述「我」的小說家，也就是有奇怪的告白癖的人，反而會感興趣。特別是日本的寫實主義小說[1]，那些小說家和讀者之間形成一種意識上的共犯結構。這些讀者是一個特殊的讀者層，他們與一般的讀者不同，生活在與小說家、文壇近在咫尺的空間裡。像葛西善藏、嘉村磯多、牧野信一這樣的小說家。如果把他們上一個世代的岩野泡鳴，下一個世代的太宰治一起畫成簡圖，日本寫實主義小說的獨立性就一目了然了。

我們的這些前輩小說家，與曼相比，無論在作品風格還是生活作風上，都好像是完全不同的生物。同時，我也體會到曼和包括這些人在內的所有小說家，對於自我的覺悟都有共通之處。我還要重複地說，小說家就是這樣，他們不能不心驚膽戰地把自己的祕密講出來；而且，一旦開始，他們就會千方百計地厚著臉皮講個沒完。

## 二

我開始寫小說的時候，採用過以「我」和「ぼ」[2]為主格的敘事方式。不過，借助「我」和「ぼく」的敘述，就真將作者我的現實生活反映到小說中去，又是另一個問題了。雖然我的出發點還很幼稚，但至少我並非有意識地完全依靠經驗來寫作。不如說，我更想去寫虛構的東西。特別是對於寫實主義小說，我的態度是將剛才提到的獨立的作家以外的、志賀直哉的短篇和模仿其作品的今天的寫實主義小說家的作品，分為非文學類。儘管正是他們以對「文章」正統性的自負居於文壇主流……。

1 即日文中所謂的「私小說」——編注。

2 日文平假名，意亦作「我」——編注。

特別是做為新人的我，有著夢想般無畏的信念。我決心一定要在與現實生活不同的層面上，完全依靠想像力來創作小說。

我的記憶裡，有一件事最能證明我的決心。寫實主義小說家特別是當他們講述年輕交往的文章中，談到某個經歷時，總是說曾想過「這可以寫出來」之類的話，看到這些我既覺得滑稽，更感到奇怪。我自己在寫幾部長篇小說時，可從未對其中的某個人物設定過雛形。

《拔苗擊籽》中「我」和「弟弟」身上都找不出我和家人的任何痕跡。《萬延元年的足球隊》中的「我」，即根所蜜三郎，以及他的弟弟鷹四也是如此。假如我對參加反安保學生運動的受傷學生，或是因此離開大學的青年進行了採訪，那篇小說也許就寫成了另樣的現實主義。但是，我甚至覺得沒有這個必要，而且小說家也沒有採訪反對活動中傷者的權利。

閱讀同輩作家阿部昭的作品，我在欽佩他的文采的同時，也認識到我並不想像他這樣寫家人和自己，這些優秀的小說和我的作品是體裁完全不同的東西。

可是，以上所講想要完全脫離經驗的小說，過一段時間再重讀時，反而會發現實際上裡面還是有很多具體經驗的痕跡。少年時代從未夢想過要寫小說的我對於那時事物和風景的觀察的留戀，從那些小說中不能夠不體會到。

再者，年紀輕輕就成為小說家的我，從那時起，不就等於失去了再次體會與小說徹底分離的經驗的機會了嗎？從此，我的現實生活經驗不就全部變成小說家的經驗了嗎？同時，我創作《拔苗擊籽》和《萬延元年的足球隊》的過程及作品的總體，也成為生活在這個世界上的我的又一個經驗累積。表達，簡單說就是新的經歷，重新經歷，同時也是深入地經歷。即將步入花甲之年的我對這種想法深信不疑。

三

不過，這樣的我也曾像在寫實主義小說中一樣，把敘述者「我」等同於現實生活中的小說家來創作小說。小說《新人啊，醒來吧》就是如此。我在初期創作了多部短篇以後，有一段時間暫時輟筆，將工作的重心轉移到長篇創作上來。後來，因《傾聽雨樹的女人們》重又開始短篇創作，這種形式和《新人啊，醒來吧》有直接的關聯，我認為其意義正在於此。

寫實主義小說本來大概是一種短篇體裁。也有寫實主義小說家創作的、由「我」來敘述的長篇。不過這些作品，只要作家具備了一定的實力，就接近於一般性小說；只是，它們不會成為西歐意義上的一般性小說罷了。透過短篇的形式，剪取敘述者——小說家的現實生活和內在心理暴露給世人，這是寫實主義小說的典型形式。

我在《新人啊，醒來吧》之前，一直在小說中描寫我與殘疾長子的共同生活。《教給我們瘋狂的生存之道吧》之外，還有兩部中篇和《洪水淹沒我的靈魂》、《危機處理者的調查書》兩部長篇。是這些作品，使其各自成為中篇、長篇的必要性，使我走上了與寫實主義小說不同的道路。

《新人啊，醒來吧》做為短篇合輯的總結，它的完成也就等於整部長篇的完成，其構成的每部作品都是短篇，我把它寫成與長子的生活，即我的——或者我家的——小說。但是我沒有完全按照寫實主義小說的傳統方法來完成我自己的合輯。首先有一個敘述者——「我」，所寫的人物是殘疾兒和包括他的父親——亦即我的家庭成員。僅僅這些我感覺還不充分，所以又引入了另一條線作為第三要素，也就是對布萊克的預言詩的理解。

從這個側面來看，《新人啊，醒來吧》對我來說是注釋布萊克的小說。在這一點上，與寫實主義小說截然不同。這樣，閱讀布萊克的作品為我提供了一個又一個的新的光源，照亮了我天生殘疾的兒子，照亮了和他一起生活的我和我的家人。透過這篇小說的寫作，我相信我逐漸更深地理解了我的兒子，同時我也更徹底地理解了和他一起生活的我自己。那就是要正視不知不覺中為靈魂問題所困的我自己。就這個意義來說，我等於還是寫了我自己的寫實小說。

合輯《新人啊，醒來吧》雖然完成，可殘疾長子的課題仍沒有解決。而且隨著時間的推移，總有新的困難局面出現。於是我創作了《「赦罪」的青草》這樣的作品。由於小說成立的情況相同，所以我仍然將閱讀布萊克作為一條軸線。

不只如此，在這部稍長的短篇中，我還集中地引用了自己以前小說的內容。對《新人啊，醒來吧》的引用自不必說，其他還有《傾聽雨樹的女人們》、《父親，你去哪裡？》和《教給我們瘋狂的生存之道吧》，以及長篇《同時代的遊戲》，並另外發表散文，在把幾所和我大兒子上的那種殘障學校聯繫在一起的機構的刊物上。

為什麼要引用這幾種自己的作品呢？是不是有這樣的理由呢？我既然是一個長年寫作的小說家，那麼如果我寫寫實小說——我從年輕時開始寫小說，缺乏小說以外的個人生活，生活在這樣特殊的現實中的我如果要寫小說的話——當然只能將過往的現實生活作為素材寫成小說……

而且，聽起來也許有點詭奇，我發現在這部短篇中，我竟從當時還未動筆、後來做為長篇完成的《給懷念青春年華的信》中，借用了一節——雖然和原本的文字不同。

# 四

我採用日本近現代文學中特有的寫實小說形式創作了幾部小說。為了糾正和加強這種形式帶來的弊病，我將布萊克做為另一條線索。《給懷念青春年華的信》的創作是以《新人啊，醒來吧》為出發點，用《「赦罪」的青草》做媒介的試探性手法完成的。這是一部長篇作品，由山谷森林開始，寫到成為小說家、和殘疾孩子生活的日日夜夜，回顧我人生的經驗，指引前進的方向。

在《給懷念青春年華的信》中，我對但丁的解讀發揮了重要作用。它和《新人啊，醒來吧》中布萊克的作用相同，也與《燃燒的綠樹》中葉慈的作用一樣。我就這樣不斷積累自己人生的小說創作方法。

《給懷念青春年華的信》的創作之所以成為其後我的小說創作方法的重要資產，是因為我開始認識到我所寫的虛構的東西實際上是融入現實生活中的我生活的過往，這些虛構又成為創作下一部虛構作品的新的基礎，這種複雜的結構構成了我的小說的形式。在這一點上，我也許可以算是解剖日本近現代寫實主義小說的第一人吧。

本來我的小說都應該是虛構的東西。從語言的基調來講，只能如此。這是我高中時發現的——當然基調是不斷改變的——命題。那原本只是一個偏頗滑稽的念頭，不過卻由文章中存在著的卡繆式和沙特式兩大不同分類這樣的構想中形成的。用語言來表達某個主題，也可說是描繪某個場面，如同攻打山頂的城堡先要包圍山腳一樣，先墊好底，然後才能達到表達的意圖。雖然我現在還不太清楚證據是什麼，但我把它看作沙特式。這也是我十分在意的表達方法上在這個側面存在的欠缺。而後還不到十年，我在反ＯＡＳ（Organization of American States，美洲國家組織）遊行此起彼伏的巴黎，與沙特隔桌面坐，傾聽著自己少年時代所感受到、如出一轍的沙特式的話語——雖然我當時的法語水準還不足以完全理解——我沉浸在無限懷念的記憶中……

當然，高中生的我的創作不過是竭力模仿沙特式，不能十分準確地把握對象，得自沙特的僅是些微不足道的東西。總覺得不能清楚完整地將對象描述出來。無論堆砌多少辭藻，還是覺得自己無法準確地表達主題，清楚地描寫出狀態。

相對地，儘管自己的思考力和觀察力還很幼稚，有時也會覺得所用的語言準確地表達了某個主題，某個場面。別人的表達更是經常如此。我將這樣準確地命中靶心的方式稱做卡繆式。

山頂城堡塔尖的旗幟，可以從對面山頂用強弓射倒，不必非用包圍山腳強攻而上的腳踏實地、堅忍不拔的方法。在這樣的認識、或者說是決心下，不可能完完全全地按照沙特式來創作，自己也有些灰心。

總之，我認為不按照卡繆式進行語言表達，可能就無法達到期望的目的。對這種方法我也感到不安，覺得它也有不確鑿的部分，還不具備充足必要的條件。同時，我不得不痛苦地承認我自己是一個卡繆式的人——儘管我並不認為我已精通於此方法——而不是一個沙特式的人。這也是我在唸法國文學科時，遍讀沙特全部作品原文的理由。

儘管如此，隨著年齡的增長，我逐漸有了超越自己制定的二分法的構想。那是在我開始寫小說的那段時間前後。當時，我用不同於自己推測的兩種方式的語言——儘管當時並沒有將之充分地意識化——嘗試著進行創作。

寫文章時，我用語言來塑造雛型。也就是說，既不是費盡辛苦登山攻城，也不是由此及彼挽弓而發，而是運用語言，創造該解說的主題，該表現的狀態的典型。這個雛型，與攻城拔寨或者隔谷射旗的目標是同樣的核心。雛型塑造成功，我的表達才可以說完美。

這種想法是剛剛開始創作的年輕的小說家——我的準則。

那只是片面的，我並不是捕捉對象的實際，不過是運用語言塑造雛型的一種無奈的思考方式。也就是說，我並未去捕捉真的獵物，而是用語言來創造獵物的雛型，我只是個紙上談兵的獵人。隨著這樣的狩獵經驗不斷地累積，我終於對我當初說的話確信不疑。

我的小說都是虛構而已。

## 五

從三十幾歲到年過不惑，和我那殘疾的孩子一起生活，和由此不斷發生變化的內心生活，成了我人生最重要的課題。同時為能把它變成筆下的文字，自覺有必要不斷地更新方法，於是執拗地嘗試各種各樣的手法。因為這是小說家基本的嘗試錯誤的常態，是探索人生的方法。但是，如上所述，透過從少年時代末期開始的嘗試，我已經認識到了這種方法無法成功，所以並沒有原封不動地按照寫實主義小說的基本形式，以自己日常生活中同長子的糾葛作基底，竭力地去描寫現實。

多數小說都是直接描寫與殘疾孩子的共同生活；而且，其中大多都是情節感人，同時也是珍貴的紀錄。我之所以沒有那樣寫，是因為我覺得有些東西是用圍攻的方式無法捕捉到的，而且這些東西正是促使我寫小說的至關重要的目標。不借助於實際的作品，而只是抽象地說可能會有些難以理解，但我根本的想法就是用圍攻的方法是無法表達出現實和創作生活中的我現在所面臨的靈魂的問題的。

不過我也從未因此而想用隔谷射旗一蹴而就的短篇來描寫我和殘疾兒子生活中的某個瞬間、清晰呈現在眼前的靈魂問題。文學表達的確很重要，但我和兒子共同生活的每天及其延續也同樣或者說更加重要，我知道我的靈魂問題正根植於此，我無法將某個瞬間與那每天的連續分離開。

《洪水淹沒我的靈魂》和《危機處理者的調查書》也是如此，我試著將我和兒子生活的課題虛構成主人公的靈魂問題。前者相對地得到了評論家的支援，可後者卻基本上被否定了。不過作者本身對評論家們如何看待這兩部作品漠然視之，因為當時評論家們看重的和我所基本關心的毫不相干。

但是如果必須有人承擔責任的話，當然應該是作家。因為我只是忙於考慮和兒子的共同生活，以及與之密切相關的自己的靈魂問題，而沒有去尋求與讀者的代表——評論家建立理解的管道。

實際上，我也覺察到了這一點。於是我就去努力營造與評論家及其代表的讀者們溝通的管道了嗎？並不是。不如說是恰恰相反，我開始放棄刻意地去追求虛構，努力地更加具體地描寫我和兒子的共同生活及自己的靈魂問題——如果能與兒子的靈魂問題緊密地結合起來，那我也就別無所求了。

同時，剛過四十的我又重新開始閱讀布萊克的作品。我感覺這對於我以和兒子共同生活為軸心的日常生活是非常必要的。這樣的閱讀迅速發展到了但丁、葉慈，然後是弗蘭納裡・奧康納（Flannery O'connor）、西蒙尼・拜尤和奧古斯丁，以至於古諾斯蒂克的作品……

在這樣的閱讀中，構成新小說之雛型的形式自然而然地浮現在眼前。閱讀布萊克，深思與兒子共生的意義，描繪微光中若隱若現的我的——還有兒子的——靈魂問題。

這就是《新人啊，醒來吧》的出發點。在閱讀與思考布萊克的過程中，經常出現亮光照亮我和兒子的生活。我的生活在閱讀布萊克中一天天度過，證據就在我和兒子的共同生活中。布萊克已經融入了我每天的生活，我好多次覺察到我追尋著兒子的身影，迷失在布萊克的預言詩中。而每一次這樣的覺醒都成為核心，我的每一部短篇都是它們的結晶。

《給懷念青春年華的信》同樣也是從閱讀但丁的生活中創作而成的。在創作這部長篇，回憶兒少時期自己的生活及森林環繞的山谷地形時，我有一個奇妙的經歷。我在《新人啊，醒來吧》中明顯地使用了虛構；當我在《給懷念青春年華的信》中再次使用時，卻把它看成是真實記憶中活生生的存在。我好像患了文學的阿茲海默症，分不清自己以前的作品中，哪些是有根有據的，哪些是虛構而成的。《給懷念青春年華的信》中最有真實感的部分是在山谷林中的「小屋」中閱讀但丁的虛構人物——阿濟哥，以及阿濟哥閱讀的《神曲》。而且，我就像最誠實的寫實主義小說家一樣，和阿濟哥一起告訴人們——我就是這樣生活的。在《燃燒的綠樹》中，我開始從虛構的世界將一個重生的新的阿濟哥帶到現實的世界中來。雖然這只是小說創作手法的問題，但當時我認為只有用這種方法才能追尋到在真實世界中生活的我的靈魂問題。我的小說家人生，就是將這顛倒的形式固定化的過程。

# 第九章——復甦的浪漫主義者

由ＥＮＤ（European Nuclear Disarmament，歐核裁軍）引發了改造西方核武軍備結構呼應東方反體制勢力，以此做為世界廢除核武的出發點的運動，在此運動中出現了令人驚詫的現象。法國重新進行了核子試驗，對此有些不同的反應陸續呈現出來，有的認為它似乎違背了廢除核武器的歷史潮流，有的則直截了當地將希望寄託與ＥＮＤ運動上。

當我對法國重新進行核子試驗表示異議時，日本的一些法國人透過電視和報紙，批評我不瞭解歐洲的戰爭經歷，特別是法國的特殊情況。日本法國文學會甚至否決了向法國駐日大使館遞交抗議的提案。

不過，我尊敬和我一樣一直以來關心ＥＮＤ運動的英國史學家湯普森。前蘇聯剛剛解體，我在歐洲旅行時，對湯普森在報紙上發表的文章印象頗深。

有些人炫耀現在東方發生的體制解體，是西方的巨大勝利。這完全不對。這是包括西方在內的世界整體的深刻危機的最初徵兆。

雖然沒人認為日本有人為前蘇聯解體出了力，但是保守評論家們的興奮還是讓人覺得有趣。這種興奮現在仍在持續。我到了現在的年紀，已經開始承認每個人至少有言論的自由。但是如果日本的領導人不具備這樣的洞察力，不能明辨前蘇聯解體是世界整體嚴重危機的前兆的話，那麼日本在已經出現的危機的第二局面中必將軟弱無力。難道我們周圍種種與此危機有關的徵兆還不夠明顯嗎？

湯普森已經逝去，由於他從八〇年代開始全心致力於廢除核武運動，他的幾部公開出版的史學著作都遲至他晚年才完成。十七世紀英國的基督教少數派尖銳地倡導異教學說的潮流，以各種方式給十八世紀帶來了影響，這在影響布萊克獨特的思想形成的《挑戰怪物的證人——威廉姆・布萊克和道德準則》（E. P. Thompson "*Witness against the Beast*"）中有很詳細的論述。一九九六年面向更廣大的讀者發行的艾克洛的《布萊克》，也是借鑑了這篇作品而創作出來的。

我之所以在沒有篇幅介紹這些書的情況下，還要由此入手，是因為我想要告訴大家，我對社會的態度，對超越了社會或者現實的靈魂問題的態度，甚至於兩者的綜合，基本上都是從湯普森那裡學到的。當我將視點由湯普森轉向布萊克時，我發現所學到的根本性的東西都和浪漫主義有直接的關聯。

## 二

我在集中閱讀布萊克及其研究家的作品時，雷恩下面的話給了我極深的印象——新柏拉圖主義如流過西歐文化深處的地下水，在歷史的各個轉捩點噴湧而出，綻放出獨特的花朵……

我們觀察文學的歷史，會發現有一條同樣在深處流淌的巨大水流，這就是浪漫主義吧。無論在歐洲所謂的浪漫主義文學運動出現以前，還是以後，都是如此。比如說，拉伯雷就是浪漫主義地下水的最壯觀的一次噴發，而葛拉斯和馬奎斯就是今天的噴發。

今天的詩人，那就是威爾斯的托馬斯。和托馬斯的故鄉隔海相望的愛爾蘭大詩人葉慈自稱為「最後的浪漫主義者」，與此對比，我想把托馬斯稱為「復甦的浪漫主義者」。

戰前的日本，有一個奇怪的日本浪漫派，而戰後的研究者又沒有將其與浪漫主義的正確形式加以對比，進行批評式的研究，所以我國現在的浪漫主義有很大的偏頗。我期待著年輕一代的研究者能夠重新給浪漫主義一個準確的定義，引導浪漫主義的地下水，在我們文學上也能有新的創造性的噴發。

剛才也曾提到托馬斯曾滿懷敬意地談到他的老前輩柯立芝的詩和散文。雖然兩者詩風完全不同，但托馬斯深深著迷於柯立芝對於想像力的思考。而我也認為不管是柯立芝還是托馬斯，他們對想像力的思考正體現了浪漫主義的核心。

托馬斯也認為從英國現代詩的整體來看，有一些落後於時代的支流。對於他這種獨特的性格，在威爾斯後進研究者們充滿敬意的評論文章中有這樣一節——戰後的英國詩壇對於詩人的作用和影響力，並不抱太大希望。奧登寫到：「詩是一事無成的。」可是，作為一名威爾斯英國國教會牧師的托馬斯卻認為，詩人必須和神職人員一樣，必須給人們以道德上和精神上的指導。

對於詩人的社會作用的這種想法，正是植根於浪漫派的理想主義之中。特別是在柯立芝身上，這一點尤為明顯。托馬斯曾寫到，對我來說，想像力這個詞的意義是由柯立芝定義的。亦即想像力就是「最終的reality……也就是為了能夠和我們稱之為神的地方的事物相接觸，人類的心理所能感知的最高方法。」

另一位研究者也引用了托馬斯下面的話，作為托馬斯傾倒於浪漫派的想像力理論的證據。「世界需要用想像的力量將其歸結為一體。詩和宗教是賦予我們想像力的兩個最佳途徑。科學會把想像力帶給我們，但也會毀掉它。」

由於我對詩的關心重點在布萊克身上，所以我從英國的浪漫主義開始學習。雖然有了開始舉出湯普森的實踐性的新研究的引導，我對如何探求他的宗教心理還是不敢妄下斷言。正因為其深不可測、廣博無邊，布萊克才讓我這樣沒有信仰的人也不得不思考自己靈魂問題，成為我堅忍不拔的支柱。

同時，直至被以反叛英國國王罪審判，布萊克所明顯表現出的對現實政治、社會狀況的直接激烈的想法，都和同時代的浪漫派，特別是柯立芝緊密相關。我在前文提到過，這是艾德曼告訴我的。還有在剛才湯普森的作品中，他在承認艾德曼與自己想法上的差別的同時，卻也將他看作那個時代最好的對立者。

布萊克和柯立芝在對現實政治和社會狀況表現出強烈憤怒的同時，還將深邃的目光指向了超越人類的神祕事物。他們的態度使我感到兩者是同源而生，愈發地被他們所吸引。

他們兩者那相通的泉源就是想像力。對布萊克而言，想像力就是不折不扣的現實。沒有想像力的現實、只是眼中看到原封不動的現實，並不是真正的現實。我可以將剛才原文引用的柯立芝的reality重新翻譯為現實，但對於柯立芝的根本態度，我更希望能透過自己的經驗、工作和直觀等來體會。與詩相比，我的文學整體的中心是小說；我雖沒有固定的宗教信仰，卻對神祕的東西寄予企盼，我希望藉此兩者，即想像的力量，把這個世界歸結為一體來掌握它。為了確信自己曾出生、長大、衰老、死去，為了確信這個世界並不是一個整體上不曾有過生命的世界。

我之所以寫小說，正是因為我對此的希求，今後還要寫小說，也只會是這個原因。把布萊克和湯普森結合起來，還有柯立芝和托馬斯，可以清楚地看到「復甦的浪漫主義者」的形象。我也想作為一個「復甦的浪漫主義者」，冷靜地面對今後的生生死死。

## 三

因《大江健三郎小說》的編纂，使我有機會能夠回顧我創作生活中的全部小說。我是否恰如其分地描繪出自己生活的社會和時代了?在這次的編纂中，我省略丁新潮文庫版長篇小說中的《我們的時代》、《遲到的青年》和《日常生活的冒險》。《遲到的青年》內容描述的是二次大戰期間到戰後，一個出生在日本偏遠山村，後來考入東京大學的虛構的主人公的自傳。這部作品在前蘇聯和東歐國家被廣為翻譯閱讀。我在編輯全集的過程中，將這部長篇和另兩部長篇一起刪去的原因是我覺得它們與其他幾部長、中、短篇一樣，作為小說的形式不夠完整。儘管《遲到的青年》

是我唯一按照時間的發展來描寫同時代的作品，如果認為它也完全符合小說的形式的話，我當然願意也把它收錄進來，使自己小說家的全身像更加立體化……

我認識到《遲到的青年》的失敗以後，就再也不想寫編年體的長篇了。取而代之的方法是將小說縱向展開，引入多種時間系列，進行小範圍的刻畫。《萬延元年的足球隊》中，根所兄弟回到森林中的部落，悲劇結束的短暫時間和與之重疊的百年之長的時空，開創了我之後的長篇創作的基本形式。這種創作形式，多半是緣於我從青年時期就開始閱讀杜思妥也夫斯基還有福克納之故。

儘管如此，我仍然嚮往能夠長距離地、按照時間的自然順序來創作長篇。所以，我現在仍對和自己生活在同一時代的作家們這樣的長篇——比如加賀乙彥的作品——很感興趣。對於國內外作家這項工作的關心，是因為自己沒能寫出成功的作品，而且今後也沒有信心能夠寫出來長篇形式的作品。

對我來說，用編年體書寫同時代歷史的文章，反而是那些沒有收錄在這部全集中的——將來也不打算把自己所有形式的文章蒐集成冊——散文、評論。

這些文章包括以我小說家生涯的前半部分為中心的、現以講談社文藝文庫版發行的三冊散文全集，以及岩波新書社的《廣島札記》和《沖繩紀行》。我在寫這些文章的同時，不斷地對時代進行觀察。我在現實運動中，努力實現這些文章的諾言的想法，某種程度上也參與了社會。只是如果問有沒有實際的效果，我只能誠實地作悲觀的回答。其實，從一開始，我就沒有期待自己對同時代的發言會得到什麼實際的成果。這也許就是我的散文和評論的基本形式吧？

我在二三十歲時，經常參加社會性和政治性的實際行動，但從未被同一戰區中的頑強的市民活動家、作為運動的理論支柱的評論家、大學教授們接納為可以信賴的夥伴。而且我對事態有自己的理解，對作為知名作家充當集會遊行中的裝飾品——從漸漸失去裝飾品的有效性的大學紛爭時期起，我就沒再被邀請參加集會——這事本身並沒有不滿。

這是因為我有自己內心的動機。我為什麼會寫社會性和政治性的散文、評論，並參加與之有關的集會遊行呢？我是作為浪漫派來書寫那些文章，參加那些集會遊行的。我是從布萊克——湯普森、還有柯立芝——托馬斯這樣的譜系出發，獲得現在這個簡明的答案的。

當我回顧自己面向那個現實社會、那個時代的世界積極地參加時，我又想起今日浪漫派喬治・肯楠（George Kennan）晚年的態度。肯楠作為美國外交官，在二次大戰剛結束完成了一項巨大的工作——儘管對於二十世紀人類狀況的影響未必完全是正面的——構造了東西兩個陣營間的冷戰框架。但是，他把自己的晚年都獻給了憂心世界核武狀況的言論活動。

他呼籲二十世紀下半個世紀的人們，我們生存的這個地球不是我們創造的，我們只是保管它，從祖先那裡繼承來，在交給下一代之前、至少在我們這一代不應該使它變得更糟，不應該有用核武器破壞它這樣的可怕的瀆神行為。那聲音中回盪的充滿憂鬱的浪漫主義的熱情，完全繼承了布萊克和柯立芝的思想。

在實際問題上，肯楠熟知外交家、政治實權人物對核武狀況的犬儒主義。核武器給人類帶來很多問題，是破壞科學的象徵。其巨大的破壞威脅在一側，人類渴求生存的祈禱則在另一側。將對立的兩極結合起來，使這個世界向光明方向發展，這才是歸結一體的想像的力量。肯楠在這一點上和托馬斯完全一致。

核武器最大的力量是破壞地球環境，毀滅人類。面對這一點使我們別無選擇地接觸到最終的現實。我想說，使我們不得不這樣做，使我們為之發揮有效作用的正是想像力。同時，這種想像力與使我們別無選擇地接觸現實，我們稱之為神的地方的事物，也就是另一個想像力，難道不應該是同一的嗎？

把兩者同時考慮，我這樣沒有信仰的人，也會在瞬間感受到想要稱之為神的東西巨大存在。這恐怕是受到了布萊克——柯立芝、還有托馬斯——肯楠的影響吧。

## 四

我參加同時代現實社會的事件，那就是宣傳特定的政治主張的集會或者遊行。前文講過，我雖然經常參加行動，但從沒有一次是全心投入的。這倒也不是我心理上自我防禦的結果。從受方反應中的明確的目標可以看出這一點。在我的記憶中，我不曾被與我一起行動的各種各樣的黨派的——從大的政黨到市民運動，還有一些從宗教性目的出發的團體——實權人物邀請正式加入他們的集團。

不過，儘管客觀地看這很滑稽，可我並不是沒為我參加的一個個行動盡力。那些行動對我來說向來都是重要的工作。但是，無論參加什麼社會行動，我不總是在扮演一個只是從書齋中出來一點兒；在集會上講演參加遊行時，也總是想馬上回到書齋的男人的角色嗎？

我在書齋中做的事情總是「文學」。在一次座談會上，修辭學大師開高健曾說——對你來講，妻子是「文學」，情人也是「文學」。正是這樣，我不就像是一個背負著奇妙增大的「文學」包袱、來參加集會和遊行、被政治運動的老手們所討厭的不合時宜的男人嗎？

總之，在他們看來，我這個人做事總是半途而廢，即便有所醒悟，也從未把自己完全投身於「同志」的隊伍中去。不管怎樣，我還是從這樣的現實社會行動中，帶著些收穫、為了自己的「文學」回到我的書房。體現在我小說中，就是我常常以諷刺的筆調進行的創作……。

不過，雖然為數不多，我從參加的這些活動中確實得到一些具體而確實的啟迪，並在我的小說中得以體現。發展成為積極的東西的，比如說，《萬延元年的足球隊》中，闖蕩大都會的兩兄弟回到林中山谷省親時，祖輩們的「老屋」百年前發生的事情，促使他們檢討自己的現狀，開始努力擺脫自己被一再封閉的狀態。對這個故事情節，我首先設計了一個構思。也就是我引入了一個與這篇小說採用的各種各樣像叢林一樣複雜的隱喻和象徵顯著不同的、單純的卻是能發揮其強大意義作用的諷喻。兄弟倆都姓根所。這是沖繩的各個部落裡祭祀和政治的中心場所NENDOKURO的假借漢字。亦即，我運用諷喻的方法暗示出根所兄弟的「老屋」就是林中那片土地的NENDOKURO。

我每次去沖繩，為了表面化的社會和政治使命，開闊了眼界，將學到的東西充分運用，並不僅僅只有這些；我早就將我的創作定位於中心（東京天皇制文化）與周邊（四國林中山谷民眾文化）的對比，堅決站在周邊一側來構築自己的文學。不過，我真正實際地認識到周邊的豐富性、創造性，是從訪問沖繩開始的。同時，我又參加了絕食抗議判處韓國詩人金芝河死刑，這使我由衷地體會到韓國民眾文化豐富的底蘊。從那時起，我開始了自大學畢業以後一度中止的對拉伯雷的重新閱讀。韓國、沖繩、四國林中的山谷都可以算是亞洲的周邊。如前所述，而後透過巴赫汀，由拉伯雷的荒謬現實主義的形象系統中我重又把握的東西，全都是這個時期我自己文學的泉源。

在沖繩，由於韓國的政治因素所舉行的集會和絕食抗議的現場，和坐在旁邊的活動家、左翼理論家們才說了一兩句話，我就從衣袋中拿出書，開始構思我在家裡已經**開始**孕育的文學素材。因此，活動家和理論家們之後堅決與我劃清界限，有時還對我表示公開的敵意，我想起因全在於我。

# 五

將浪漫主義理解為文學史上的一種現象，好比不息的暗流由地下噴湧而出，無疑對我自身的小說產生了影響。在自己創作的小說中很容易看得出來。而且，有時重讀世界文學的長篇巨幅，如《白鯨記》、《魔山》和《沒有個性的人》這樣的小說時，我常常能夠感到，作家創作這些長篇作品的根本衝動在於浪漫主義。上面所舉的幾部小說，其創作方法各不相同，但無論哪一篇都徹底地展現出浪漫主義之泉噴湧而出的情景。

最近，我總是把我的下一篇小說作為「最後的小說」放置在幻想的階段，較之有了具體的構思而準備開始創作更為渴望。我常想這是浪漫主義的復甦。我感覺自己年輕時開始的怪癖的「最後的小說」的想法這方向本身，就是浪漫派的心情。

大約在十多年以前，我在《為了新文學》（岩波新書版）的結尾中，就講述了這種「最後的小說」的想法。使我產生這種動機的是前面講過的肯楠的晚年活動。我從肯楠洞察世界核武器的狀況，力求以政治有效性的措施來消除核武器的呼籲聲中，體味到了其中的重要性。時光飛逝，一九九六年元月由於播放的電視節目的原因，我出發去白雪覆蓋的美國中部，拍攝了與前美軍越南戰爭核心指揮官——在這一點上，也許可以和冷戰體制的造就者之一的肯楠形成對比——麥克納馬拉（Robert McNamara）的對話。我現在仍然認為，NHK沒有播放的部分——麥克納馬拉對消除核武器的構想及行動計畫、還有得到了他的認同的關於我對沖繩非軍事化的想法——都具有非常的意義。

但最重要的，給我印象最深刻的是，肯楠站在窮途末路的眾生之中，向天祈禱的態度，那是穿越「核冬天」到來的危險，嚮往「生命之春」的祈禱。我在將這政治主張和靈魂問題結合起來的想像力的作用下，看到了自己想要作為「最後的小說」寫的東西的樣本。

在創作《燃燒的綠樹》的同時，我並沒有忘記心中對「最後的小說」的那份希冀。我也不認為我一點兒也沒有達到這個願望。而且，我之所以重新開始構思「最後的小說」，根本是因為我無法扼制自己心中浪漫主義的復甦，至死方休。

# 第十章——小說家的生死

# 一

在我從年輕時開始的小說寫作生活中，每創作一部作品，我都同很多的人進行詳細的交談。儘管我從在林中山谷裡生活的母親那裡聽說，父親在他人生的中期直至整個晚年，從未同超過五個以上的人長談過。我的心中常有一種恐懼，那就是被採訪、和朋友們或者對立的人談話，總是擔心對方問這樣的問題。我經常會想起無數次的這樣的機會。

——你相信自己有小說家的才能嗎？

我沒有想過要回答這樣的問題。與提問者相比，倒是我更發自內心地側耳傾聽，更希望知道對於這樣的問題毫無事先準備，一旦真的被問到，陷入窘境的我會怎樣回答。我不就是那樣準備的嗎？

有人說我作為小說家，口述筆詳了許多與眾不同的言辭。如果將我現在的一系列作品拿出來作為證據的話，完全是無稽之談；況且，說我對作為小說家的自己了如指掌，倒不如說是恰恰相反更為準確吧？

我過早地邁入了我的小說家人生。這正是我不得不再三重複講述作為小說家的、我自己的顯而易見的理由。這樣的小說家是不可能幸福的。

即便如此，借助於年輕時開始的小說家生活，我還是得以榮幸地結識了眾多的藝術家和學者；不過，大多是僅僅進行簡單的交談，就默不做聲了。給了我極深的鼓勵的是音樂家武滿徹。那是從年輕時我們做鄰居，一直到他患上了致命的癌症——我感覺他是過度的勞累了——以後，每次見到他都是這樣。

武滿徹寄來的明信片段落清晰，差不多每一次都是寫自己如何地不具備創作音樂的才能！他的語言猶如音樂的化身一般豐富、堅韌、輕鬆而細膩，至今仍然充滿幽默而且令人不可思議。

我曾數次就貫穿於其生涯的全部領域的音樂創作過程，聆聽過這位公認的天才音樂家的話語，而且他的每次首場演奏會都會給我留下極深的印象。可我還是覺得不可思議，我每次閱讀武滿的明信片，絕沒有想過武滿心口不一，或是在謙虛。

我對他的話不折不扣地完全接納，以近乎於悲哀的肅然心情，遙思遠方獨自面對著巨大的工作，其深邃憂傷的內心，對其理解不斷積累，那個頭矮小身材勻稱的形象呈現在跟前。

武滿曾寫到，有一個聲音回盪在這個宇宙、世界及人類社會——當然也可以說是一個人的內心。我一直在追尋著它。試圖創作出如此巨大深奧的東西與天平的砝碼相均衡的音樂，傾聽宇宙和心靈的人，由此慨歎自己創作音樂能力之渺小，難道不是令人尊敬的直率嗎？

這個場面中，出現了一個惡魔似的東西，它滑稽地豎起黑尾巴尖兒——看吶，這樣的音樂還不夠嗎？武滿聰明地把他的幾篇試作樂譜當中的一頁拿了出來。一瞬間，武滿一定會將他少年般的純真和柔和從內心分離而後表現出來——不，不是這樣的！他是堅決拒絕。同時，他又向自己追求的音樂邁進了一步。武滿對自己無限深邃、柔軟、清澈，如海底海藻的叢林般重重疊疊、遙遙蕩蕩的內心世界，有著強烈的敏銳控制的意志……

本來我聽武滿徹創作的音樂時，總有飄然欲仙的感動。可是，武滿安詳地坐在那裡，彷彿在一個人構思著新的樂曲，旁邊的我也在沉思，思索著自己現在的工作中難以超越而必須超越的困難，這樣的時間似乎更異乎尋常地重要。

這時，如果我情不自禁地效仿武滿來告白自己——我沒有創作文學的才能，我也許會苦口婆心地勸說。以我乖僻的性格，我採用的一定是滑稽怪異的口氣。那時，武滿一定會用冷淡的目光看著我——是呀，你也根本沒有創作文學的天賦！這樣一來，我恐怕就會茫然若失，撲簌簌地掉下眼淚來吧？

有一天夜裡真的發生了這樣的事。當時，武滿徹將自己為他喜愛的皮特・塞爾金（Peter Serkin）和理查・史托茲曼（Richard Stoltzman）創作的樂曲，改編成了由大提琴與塞爾金等的「命令」的協奏曲。一天傍晚，武滿來到我家，我在評價這部改編作品時，對原作作了批判；武滿當然也作了反駁。我的長子光，在武滿去世後，立即寫出了一個小曲子，並依照他心裡對那天的事情的深刻印象，將其原原本本的命名為一、夜，二、爭吵，三、再見。

二

小說家自己的內心有什麼樣的構造，這些構造又是怎樣發揮作用的呢？想到這些，眼前就浮現出一個相應的具體的形象，一個我方才敘述的武滿身旁沉默無言的自己的形象。我也是在靜靜地聆聽武滿的教誨，也在追尋擴展於宇宙、世界、人類家庭，以及家人、自己內心的沉默的語言……

武滿徹的摯友，詩人谷川俊太郎寫過一篇優美的作品——〈側耳傾聽〉。這首長詩的結尾是這樣的，「側耳傾聽／明天／尚且不能聽見的／流入今天的／小溪的歡歌」。谷川寫這首詩，至少有一部分是為了鼓勵內心迷茫、憂鬱的武滿吧？連一旁聆聽的我這樣的小說家，都受到了鼓舞。

——你有小說家的才能，你相信嗎？

作為小說家，耳畔應該總有一個聲音在低語，時刻處於準備狀態，傾聽明天的小溪的歡歌。用怎樣的語言來回答呢？老實說，我雖然覺得這樣的問題對提問者來說可能以為答案是肯定的，但對被問的我來說，卻是毫無意義的。若是沒有才能，對於沒有目的地聆聽著，又在腦海中顯現出來的東西，心中既不會強烈地排斥，也不會陷入這樣奇妙的狀態之中。不過，僅有這樣的才能，也還不足以解決眼前遇到的困難。至今我已經這樣側耳傾聽了近四十年。現在，我把自己千方百計地解決、再解決而創作出來的作品彙編成為《大江健三郎小說》。從今以後，為了我的下一部作品，我只能把自己當作一個從沒有寫過任何作品的人，去側耳傾聽……

## 三

年輕時，我只在深夜一個人獨醒的時候寫小說。漸漸地光長大了一些，我不得不在他身旁看著，所以我改變了我的生活方式，開始每天早起，在我們共同的生活空間中創作小說。我創作了以我和殘疾兒子的生活為主題的電視作品以後，有的觀眾在來信中表示出疑慮：你閉居室內創作小說是不是不太自然，作家一般不多是朝外界視察嗎？但是基於上面的理由，我總是一邊看著光坐在餐桌前，或是躺在地毯上聽著音樂或是作曲，一邊把紙鋪在膝頭的畫板，寫我的小說。

不過，開始時說過，我年輕時並不是這樣。我坐在書房的書桌前準備開始工作，旁邊寢室裡身著睡衣的妻子輕輕地和我道聲晚安。隨著一聲應答，我很快便全然忘記了家庭，埋頭於我的小說中了。我從未和妻子談論創作中的小說，至少到此為止我沒有這麼做。武滿曾寫過，在我不在的時候，看到過書房的書桌上放著我正在創作的小說。想必給他帶路的妻子，也難得一見如此狀態下的書房吧？總之，我就一個人這樣地創作，直至小說發展到某一個階段，不管其間我創作的是長篇還是短篇，我都會像下面一樣告訴妻子。差不多都是在黎明時睡下，將近中午才爬起來的我的早餐桌上——它來了，差不多了。

在小說開始以前，或雖寫了一點兒，可還是如墜五里霧中的狀態，一味地對著語言冥思苦想的內心感受，我剛剛已經寫過了。所謂的它，好像與這種感覺是成對的，但就作用而言，兩者是完全相反的。不管任何一個小說家都有可能非常熟悉的這個它，至今仍沒有人從正面切入，認真地研究過它，所以我想在此做一下嘗試。

有的作家在小說開始以前，就進行準備性的調查和取材，制定詳細的計畫。至少很多作家宣稱，不這樣做，就無法開始小說創作。比如，據說三島由紀夫在未決定最後一行的內容之前，絕不動筆。

其實，我在剛開始寫小說的幾年裡，也曾煞費苦心地試圖在動筆之前就決定採用如何的形式結尾。對於小說的結尾，不決定最後一行——很快我就認識到這沒有什麼意義——也就是不決定如何結束，心裡總是忐忑不安。《個人的體驗》的收尾部分就很明顯地顯露出這一點。僅憑情節的發展，我也能夠認識到，小說在年輕的父親決定接受天生殘疾的孩子，並且要堅強地活下去的地方達到了高潮。小說就應在此當機立斷，戛然而止。

可是我作為年輕的小說家，沒有能夠捨棄我在小說開始前的計畫。我改變了形式，使讀者客觀地認識到主人公鳥根本不是孩子的場面，及與之相連的、小說開頭出現的與小流氓格鬥的場面構成呼應的形式而加以呈現。終究還是沒能擺脫最後的構思的束縛。三島由紀夫將其否定為：就像一個苦口婆心地勸說製片人一定要以大團圓結局的導演，真是一語中的；儘管公開宣稱小說必須嚴格按照最初的構思結尾的正是此人。

如果談及創作小說的心理狀態管理的話，要注意創作當天勞動所能覆蓋的部分，不應該好高騖遠。長篇小說來說尤為如此。可以說能否將以後的事置之不理，自己全力集中在當天的工作，正是職業上的祕訣。在創作《萬延元年的足球隊》時，我親身體驗並明白了這個道理。

我明確認識到創作長篇小說時出現的它的力量，也是在我創作這篇小說期間。這篇小說是以連載的形式發表的，每一回的容量都很大，使我吃盡了苦頭。最後一章是「再審」。連載的後半段，責任編輯德島高義在計畫上又給我另加了一章，這成為「再審」成章的直接原因。可能是他看小說的過程中，覺得有必要加入一些空間。我本人對小說截至當時的進展也頗不滿意，我覺得故事不應該是非以回到祖輩的土地的根所兄弟中弟弟的自殺來作為結尾不可。若是這樣，小說情節應該在末章前的一章就結束了。

大概是在寫那一章前半部分的時候，我突發奇想，想到了十九世紀六〇年代的根所兄弟各自的行動指標——一百年前祖輩的行動，全盤否定從前的繼承的根據。山谷的新興勢力買斷了倉庫，在拆房過程中，他們發現了百年來鮮為人知的地下室。這地下室折射出與弟弟激烈行為的榜樣——一百年前祖輩的存在截然相反的意義。這樣，活下來的哥哥才有可能走向重生。雖然有人批評我出發去非洲旅遊的結局，而我也覺得這樣的批評很正確，但我還是很滿意這樣的結尾。

起初，我從沒有設想過小說以這樣新的展開來收尾。可這樣強烈的意念，在我創作結尾前一章的後半段時，成為了來到我身邊的**它**。每天創作小說的精神和肉體的運動築成跑道，然後就開始意想不到地起跑升空，連續開展的小說進入到另一個次元空間，這個**它**就是產生這一切的力量。**它**就是這樣到來的。一旦在《萬延元年的足球隊》中意識到這一點，我發現在此之前的短篇中，儘管是小範圍的，也都存在這樣的意念。因為總是在它到來以後，我才會忘記自我，專心投入到小說創作中，以飛快的速度完成我的小說。

仍然是三島由紀夫，他曾寫過：小說結束的時候，有一種他人無法體會的喜悅之情。大概就是這樣的激奮感，引發了他在完成他最後的巨作的第二天，闖進了自衛隊的軍營。

我本人，數次體驗到長期的小說創作中，從它的到來直至小說結束的那種激奮感，逐漸對自己的激奮產生了戒心。於是，在創作過程中，我要求自己重新回到平靜——假設用躁鬱來描述的話，就是去躁存鬱的狀態——重寫自己在激奮狀態下寫出來的作品。

至少兩遍，經常是三遍改稿，才會擺脫激奮狀態的創作。我已經說過，這時就不會有創作的喜悅相伴了。不過，也同時克服了最初的草稿落筆時，那種懷疑自己能否寫出新的作品的、根深柢固的不安感。因為它已經又一次到來了。

於是就出現了有助於我們思考它的性格的線索。根據就是——你相信自己有小說家的才能嗎？這樣令人喪氣的呼喊，在最初的草稿落筆時，時刻在耳邊迴響。及至它到來時，那餘音也就無聲無息了。只是改稿開始以後，又會被飄蕩而來的呼喊不斷地折磨。

也就是說，在此我將它定義為才能的標誌。但我並不認為，由此就可以說它到來後完成的小說全部都是成功的作品，這些作品證明了我作為一個小說家的才能。小說家本人一是能夠相當冷靜地評價自己創作的作品的。隨著時間的推移就愈發地客觀。我想以剛才的定義說明的僅僅是，沒有它的到來，小說家就不能真正意識到自己是小說的作者。

在與谷川俊太郎的交談中我明白了，詩人好像就是能夠純真地把靈感傳達出來的人。儘管我絕不認為谷川這樣的詩人中的詩人對於寫詩抱有樂觀的態度。

思索一下來到小說家身旁的它，我覺得對我來說，我不能將它與其他的條件完全切割，只把它看作是從天而降的靈感。在它出現之前，首先要有一個小說寫作過程。跑道沒完成以前，它就不會到來。證據就是，在小說開始之前，或開始後由於某種原因而暫時擱筆的時候，來到自己身邊的貌似精彩的構思，在實際落筆後，立刻會被證明只是個無聊的想法。

所以我就回到了最初所寫的那個傾聽、明視這個宇宙、世界、人類社會和內心、探尋充滿其中的沉默的語言的自我。當我努力開始、正在把小說寫成一個整體——不是筆記階段，而是草稿時，筆端傾洩出的語言就在正在創作的我和傾聽、明視那巨大的沉默的我之間架起了橋梁。我以前稱之為跑道的東西，似乎更應該叫做橋梁。

橋梁接通的時候——它到來的時候——我才成為一個具備獨特的內心世界、在這個宇宙、世界、人類社會中真正地生存的小說家。這遠比證實自己有沒有才能重要多了。因為與其說是完成作品本身，不如說是更具本質意義的一種完成。

近四十年來我一直對此頗有體會，並由此造就了一個我這樣的小說家。現在的自己也是這樣地活著，同時也開始關注並非遙遙無期的、這樣的自己的死。

# 四

在這個國家，有一些根本沒有成就什麼大事業的歷史學家和文學研究家，以及掌控國家藝術機構的作家等人，晚年開始執筆著文，憂國憂民，甚至成為最佳暢銷書。這與肯楠、湯普森及托馬斯腳踏實地地創作憂世悲文完全相反。期待出現這種愛國者的傾向，在這個國家的國家主義膨脹的趨勢中，一定會愈加嚴重。不只在日本國內，甚至國外都製造了一些新的奇怪的日本人形象。

見到這現象，我感覺到的是，不管是否像暮年的遺言，還是要寫憂國憂民的文章，這都是徹頭徹尾的謊言。他們只不過是對自己本來的領域無事可寫罷了；也就證明了他們一生的工作，與本質的積累和由此產生的自然的開花結果毫無關係。你們憂國憂民當然好，可是不是有更應該做的事呢？如你們所言，既然剩下的時間已經不多，你們是不是該擔心一下你們自己？我倒還不說及你們的靈魂！

說到剩下的時間，我也感到在我完成《大江健三郎小說》的最後一卷的合集時，有必要對我作為小說家的一生作一個總結。使我產生這個想法的關鍵是，一些充分理解光創作的樂曲的音樂家，演奏他的曲目，並製作成CD，直接開啟了光與社會之間理解關係的通道。從他長大到能夠作曲的時候開始，特別是《新人啊，醒來吧》和在這之後的作品，我執筆的動機至少有二分之一在於描寫他的內心和與他共同生活的精神世界。當時我有一個願望，就是希望能借助一般的語言媒介，使只能在家中靠一點點語言和動作，或某種其他類似的行為表達自己的光與外界溝通。不過，一旦他的音樂成為媒介，我感到我作為代理表達人的作用完全是多餘的。

而且就我而言，自己的靈魂問題才是最應該擔心的。剩下的時間，真的在減少！除了物理上的迫切感以外，還有我對小說的有很長時間沒有解決的課題，亦即小說創作法的問題；不僅如此，我還有這樣的懷疑：如果單以小說創作法來講述靈魂問題，大概只能在無法最終解決課題的前提下泛泛而談吧？

也就是說，在自己腦中還沒好好地追根究柢之前，我也可以開始創作小說的。

多年小說家的經驗形成的人生的習慣，最後不也是在沒有探究最終的課題的情況下迎接死亡嗎？反之，我從小說家人生的習慣中也了解了即使是只能透過小說才能探究的問題，即借助小說組織的力量，超越小說家的意識而完成的東西……

我希望在日趨減少的剩餘時間裡，向前邁進一步。不是沒有認識到無信仰者的淺薄，但總之我在斯賓諾沙的「神」的定義中，給了自己無限自由，使自己夢想不斷深化的東西。所以，我祈禱能夠有效地使用剩下的時間，完全是為了閱讀這位思想家和研究他的書籍。於是，我從一九九四年初開始進行閱讀。拋棄了透過小說來考慮最切實的課題的態度，全心貫注於斯賓諾沙。轉換必須迅速。比我預想的快得多，我已經高漲的內心的水位已轉動了轉換的水車。

在此期間，武滿徹患上了重病，在與病魔進行了頑強的抗爭之後，終於先我們而去了。病床上的武滿，為了能將剩餘的時間全部集中到音樂上，立了一個新的構想，意在切斷擴展到中心計畫之外的羽翼。我重又見到了探尋那存在於宇宙、世界和人類社會，以及個人內心中的巨大的沉默的聲音的人的身影，那從未有過的、深不可測的內心和深奧而準確地掌握的身影。注視這身影，接觸到他的死，我的內心湧起一個新的信念，現在對我來說實實在在的東西就是作為小說家的人生習慣，不貫徹這點，就無顏站在永遠的武滿徹面前。

麥田人文110
如何造就小說家如我
私という小說家の作り方

作　　者　大江健三郎
主　　編　王德威（David D. W. Wang）
譯　　者　王志庚
審　　訂　劉惠禎
責任編輯　吳莉君　吳惠貞
總 經 理　陳蕙慧
發 行 人　涂玉雲
出　　版　麥田出版
城邦文化事業股份有限公司
100台北市中正區信義路二段213號11樓
電話：(02)2356-0933　傳真：(02)2351-9179
發　　行　英屬蓋曼群島商家庭傳媒股份有限公司城邦分公司
104台北市中山區民生東路二段141號2樓
客服服務專線：(886)2-25007718；25007719
24小時傳真專線：(886)2-25001990；25001991
服務時間：週一至週五上午09:00~12:00；下午13:00~17:00
劃撥帳號：19863813　戶名：書虫股份有限公司
讀者服務信箱：service@readingclub.com.tw
城邦讀書花園　http://www.cite.com.tw
麥田部落格　http://blog.yam.com/rye_field
香港發行所　城邦（香港）出版集團有限公司
地址：香港灣仔軒尼詩道235號3樓
電話：(852) 25086231　傳真：(852) 25789337
E-mail: hkcite@biznetvigator.com
馬新發行所　城邦（馬新）出版集團 Cite (M) Sdn. Bhd. (458372U)
11, Jalan 30D/146, Desa Tasik, Sungai Besi,
57000 Kuala Lumpur, Malaysia
電話：(603) 90563833　傳真：(603) 90562833
E-mail: citecite@streamyx.com
印　　刷　中原造像股份有限公司
初版一刷　2007年1月

售價／240元

ISBN-13 : 978-986-173-188-9

國家圖書館出版品預行編目資料

如何造就小說家如我／大江健三郎作；王志庚譯.
--初版.--臺北市：麥田出版：家庭傳媒城邦
分公司發行, 2006 [民95]
面；　公分.--（麥田人文；110）
譯自：私という小説家の作り方
ISBN 978-986-173-188-9（平裝）

1. 大江健三郎 - 學術思想 - 傳記　2. 大江健三郎 - 學術思想 - 文學

783.18　　95023483